Lo que callamos los estudiantes de Derecho

Título original: **Lo que Callamos los Estudiantes de Derecho**

Autor: **Néstor Cruz**
Publicación original en español por **AVA LIBROS**
León, Guanajuato, México.

Diseño de portada; Gabriela Barrios
Diseño de interiores: Gabriela Barrios

León, Guanajuato, México.
General Francisco Villa Norte 2002 - 14
Jardines de Oriente, León, Guanajuato, México C. P. 37227

Primera edición

Impreso en León, Guanajuato.

Hecho en México

Lo que callamos los estudiantes de Derecho

Néstor Cruz

AVA LIBROS

Dedicatoria

Dedico este libro a mi esposa **Nora Mendoza**, quien indirectamente hizo esto posible, agradeciendo su paciencia y lucha constante.

A los estudiantes de Derecho, los que fuimos y por los que vendrán, que este texto sea una guía, una sacudida, pero, sobre todo, una puerta para construir su propio camino.

LIC. J. NÉSTOR CRUZ GONZÁLEZ

Índice

Carta del Autor

León, Guanajuato, México

Queridos futuros colegas, estudiantes de Derecho:

Sé que, en estos momentos, mientras se esfuerzan en sus estudios, leyendo incontables páginas, preparando exámenes y soñando con un futuro en el mundo legal, una sombra puede cernirse sobre ustedes: la incertidumbre laboral. Es una sensación pesada, a veces abrumadora, que puede hacerles cuestionar el camino elegido y el valor de sus desvelos.

Quiero que sepan, antes que nada, que esos sentimientos son completamente válidos y comprensibles. Vivimos en un mundo en constante cambio, y el mercado laboral jurídico no es una excepción. La competencia es real, las oportunidades a veces parecen esquivas, y la presión por asegurar un lugar donde ejercer con dignidad y pasión es inmensa. Muchos, antes que ustedes, hemos sentido ese vértigo. Pero es precisamente en estos momentos de duda donde su temple y su vocación deben brillar con más fuerza. La carrera de Derecho no solo les está enseñando leyes y procedimientos; les está forjando un carácter resiliente, una mente analítica y una capacidad para resolver problemas que son invaluables en cualquier ámbito profesional.

Me dirijo a ustedes, no solo como un observador del sistema legal, sino como alguien que comprende la montaña rusa emocional y académica que representa esta carrera. Sé de las noches en vela descifrando códigos, de la densidad de las teorías que a veces parecen abstractas, y de la presión constante por absorber un océano de información que definirá su futuro profesional.

Es probable que, en medio de este torbellino de estudio, sientan una creciente inquietud. Quizás una voz interior les susurre sobre la distancia entre los venerables tomos que consultan y la realidad vibrante, a veces caótica, de los juzgados, los despachos y las necesidades de la gente. Pueden experimentar esa punzada de ansiedad al preguntarse: "¿Todo este conocimiento teórico me preparará realmente para los desafíos prácticos que me esperan?"

Quiero decirles que esa sensación, esa percepción de desconexión, no es producto de su imaginación, ni es un signo de debilidad o falta de aptitud. Es una realidad que muchos hemos palpado: la universidad, con su invaluable labor de sentar las bases doctrinales y filosóficas del Derecho, a menudo no puede, por su propia estructura, sumergirnos por completo en el "cómo" del ejercicio profesional diario.

Aprendemos qué es la posesión, pero no necesariamente cómo redactar una demanda de interdicto posesorio con la urgencia y precisión que un cliente real requiere. Estudiamos la teoría del delito, pero enfrentarse a la argumentación en una audiencia oral, con la adrenalina y la estrategia en tiempo real, es otra dimensión.

Esta brecha puede generar frustración, dudas e incluso un desgaste emocional considerable. Sentir que, a pesar del esfuerzo titánico, aún falta una pieza clave para sentirse "listo" es una carga pesada. Pero es precisamente aquí donde reside una oportunidad invaluable para ustedes, una invitación a tomar un rol activo y protagónico en su propia formación integral.

No vean esta desconexión como un callejón sin salida, sino como un llamado a la acción. La pasión por la justicia y el rigor intelectual que los trajo a esta carrera son el motor perfecto para ir más allá del aula. La universidad les entrega el mapa del territorio legal; aprender a navegarlo con destreza, a sortear sus obstáculos y a encontrar los mejores senderos requiere de su iniciativa.

Permítanme compartir algunas estrategias que, espero, puedan ayudarles a mantenerse motivados y a navegar esta etapa con mayor confianza:

- Enfoquen su energía en el presente y el aprendizaje profundo: Aunque el futuro sea incierto, su dedicación actual a comprender los fundamentos del Derecho es una inversión sólida. No estudien solo para aprobar, sino para entender, para cuestionar, para formar un criterio propio. Las habilidades que adquieren hoy —investigación, argumentación, redacción precisa— son las herramientas que les abrirán puertas mañana.
- Recuerden su "por qué": Conecten con la razón fundamental que los impulsó a elegir esta noble profesión. ¿Es la búsqueda de justicia? ¿La defensa de los vulnerables? ¿La fascinación por el ordenamiento social? Aferrarse a esa motivación intrínseca les dará la fuerza necesaria para superar los obstáculos.
- Construyan una red de apoyo y contactos (networking): No subestimen el poder de las relaciones humanas. Participen en seminarios, conferencias (incluso virtuales), involúcrense en actividades extracurriculares y conversen con sus profesores y compañeros. Un consejo, una recomendación o una simple charla con alguien que entiende sus desafíos puede marcar una gran diferencia.
- Sean proactivos en la búsqueda de experiencia: Las pasantías, el servicio social en instituciones jurídicas, el voluntariado o incluso la colaboración en proyectos de investigación con sus docentes son oportunidades valiosísimas para ganar experiencia práctica, conocer el día a día de la profesión y empezar a tejer su red profesional.
- Cultiven la adaptabilidad y la formación continua: El Derecho evoluciona. Nuevas áreas de especialización surgen (pensemos en la tecnología legal, el derecho ambiental, la protección de datos).
- Mantengan una mente curiosa y abierta a aprender nuevas habilidades, incluso aquellas que no parezcan estrictamente "legales" a primera vista (como idiomas, oratoria o manejo de herramientas digitales).
- Prioricen su bienestar integral: La presión académica y la incertidumbre pueden pasar factura. Dediquen tiempo a cuidar su salud física y mental. Hagan ejercicio, duerman lo suficiente, busquen pasatiempos que disfruten y no duden en pedir ayuda si se sienten sobrepasados.

- Un abogado fuerte es, primero, **una persona equilibrada.**
- Celebren los pequeños logros: Cada materia aprobada, cada concepto difícil que logran dominar, cada debate en clase donde participan con seguridad, es un paso adelante. Reconozcan su progreso y permítanse sentir orgullo por ello.

El camino que han elegido es desafiante, sí, pero también es increíblemente gratificante y fundamental para la sociedad. México necesita, y siempre necesitará, abogados éticos, competentes y comprometidos como ustedes se están esforzando por ser.

No dejen que el miedo al futuro paralice su presente. Confíen en su capacidad, en la formación que están recibiendo y, sobre todo, en la pasión que los impulsa. La perseverancia, la preparación y una actitud proactiva son sus mejores aliadas.

No se desanimen por los desafíos. Abrácenlos como oportunidades para crecer y para esculpir activamente el tipo de abogado o abogada que desean ser. El futuro de la justicia también está en sus manos proactivas.

Con mi más sincero apoyo y ánimo.
Un colega que cree en su potencial.

Lic. Juan Néstor Cruz González

Prólogo

"Lo que callamos los estudiantes de derecho. Un barco a la deriva"
Por Maestro José Cuauhtémoc Chávez Muñoz

Amable lector, Este no es un libro técnico, ni un manual de Derecho. Es mucho más que eso. Es un grito contenido. Una carta abierta desde la trinchera silenciosa de miles de estudiantes que caminan por los pasillos universitarios con la frente en alto, pero el alma llena de preguntas.
Estudiar Derecho ha sido, durante siglos, sinónimo de prestigio, respeto y promesa de un futuro brillante. Sin embargo, detrás de esa imagen hay una verdad menos glamorosa, pocas veces dicha en voz alta: el peso de las expectativas, la presión constante, la incertidumbre profesional, los miedos que se acumulan como libros sin abrir.
Este libro es el reflejo honesto de lo que callamos: por vergüenza, costumbre o miedo a parecer débiles en un entorno donde se espera que siempre tengamos la respuesta correcta.
¿Quién enseña a responder las preguntas internas?
¿Quién habla del miedo al fracaso, de no sentirse suficiente, de compararse con quienes ya "lograron algo"?
¿Quién enseña a emprender, a ver el Derecho con ojos creativos, a pensar como estrategas y no solo como operadores del sistema?
"Un barco a la deriva" no es una metáfora exagerada. Es la realidad de muchos jóvenes que egresan sin rumbo, que naufragan en un mar de teoría desconectada de la práctica, que no saben por dónde empezar porque nadie les enseñó que ejercer el Derecho no es solo saber leyes, sino aprender a ser.
Este libro es el eco de lo que rara vez se dice. De lo que se reprime por miedo al juicio, por la cultura de la competencia, por la presión de tener que "ser alguien" en un entorno donde parecer perdido es pecado y mostrarse vulnerable, una debilidad. Es un barco construido con las voces de quienes se han sentido ahogados en expectativas ajenas, que transitan los pasillos universitarios con un título en camino pero sin una ruta clara hacia su realización.

¿Qué significa hoy ser estudiante de Derecho?
¿Solo acumular conocimientos? ¿Recitar leyes de memoria? ¿Pasar exámenes?
¿Dónde queda el ser humano detrás del estudiante?
¿Quién enseña a navegar la incertidumbre, la ansiedad, el miedo al fracaso, la presión por encajar en moldes tradicionales que ya no responden a los nuevos tiempos?
Este libro explora, con la profundidad necesaria, temas que rara vez se abordan en la formación jurídica, pero que son esenciales para la vida profesional —y personal— de cualquier futuro abogado o abogada.

Este libro explora, con una profundidad necesaria, una serie de temas que rara vez se abordan en la formación jurídica, pero que son esenciales para la vida profesional (y personal) de cualquier futuro abogado o abogada. Cada capítulo es un faro que ilumina aspectos que permanecen en penumbra durante la etapa universitaria: el peso de las expectativas, los obstáculos reales más allá del aula, la fragilidad emocional de los primeros años, la inseguridad como barrera invisible y la necesidad de cambiar la mentalidad desde el inicio.

Cada capítulo de esta obra es una brújula. Habla de miedos, sí. Pero también de metas, de mentalidad, de ética, de estrategia, de emprendimiento. Aquí no se romantiza el sacrificio ni se endiosa la perfección. Se habla con verdad, con empatía y con propósito.

Se propone un cambio de enfoque: de la pasividad a la acción, del temor a la claridad, del estudiante que espera oportunidades al joven jurista que las crea. Este libro es un abrazo para quien se ha sentido solo en su carrera, y una sacudida para quien cree que el título es suficiente.

Se habla de la vocación, no como un dogma, sino como un motor que necesita redescubrirse constantemente. Se habla de la resiliencia como un músculo que se fortalece con cada obstáculo. Se cuestiona la pasividad con la que se espera que el mercado legal nos reciba, y se plantea una nueva forma de actuar: desde la acción, desde la estrategia, desde la conciencia del valor propio.

Aquí también se propone un viraje radical: dejar de pensar al abogado solo como un trabajador del Derecho y empezar a visualizarlo como emprendedor, gestor, estratega, comunicador, líder. Aprender a trazar metas útiles desde la etapa estudiantil, asumir responsabilidades, buscar especialización con sentido y, sobre todo, construir una identidad profesional sólida, ética y coherente.

¿Por qué el miedo nos detiene?

¿Y si, en lugar de ignorarlo, lo entendiéramos como una frontera a cruzar, como una invitación al crecimiento?

Este libro te invita a mirar al miedo a la cara, a salir de la zona de confort, a recuperar la creatividad que muchas veces se pierde entre apuntes y sentencias. Porque el Derecho también puede vivirse con pasión, con innovación, con libertad. Se exploran caminos nuevos: servicios jurídicos digitales, asesoría a emprendedores, firmas boutique, consultoría legal alternativa, modelos de negocio propios, e incluso lo que nunca se enseñó en la facultad: finanzas personales, educación financiera, administración del tiempo, marketing jurídico y marca personal.

Este no es un libro que juzga. Es un libro que comprende, que acompaña y que reta. Porque ser estudiante de Derecho hoy es enfrentarse a un sistema que aún arrastra estructuras anticuadas, pero también es tener la oportunidad de construir algo diferente.

Y para construir algo distinto, se necesita información, pero también coraje. Se necesita conocimiento, pero también carácter. Se necesita estrategia, pero, sobre todo, identidad.

Aquí encontrarás un llamado claro: *empieza hoy, aun sin tenerlo todo resuelto.*
No esperes a que el "momento perfecto" llegue, porque ese momento muchas veces es una ilusión.
El verdadero punto de partida es cuando decides actuar, cuando asumes la responsabilidad de tu crecimiento, cuando entiendes que tú también puedes construir tu lugar en el mundo jurídico con autenticidad y sin renunciar a ti mismo.
"Lo que callamos los estudiantes de Derecho" es, en el fondo, un acto de liberación.
Una invitación a romper con los discursos únicos, a hablar en voz alta, a tomar el timón de ese barco que —aunque a veces parezca a la deriva— aún puede encontrar su norte si quien lo guía se atreve a aprender, a desaprender y a crear.
Este libro no viene a darte respuestas definitivas. Viene a ofrecerte mejores preguntas.
Es una guía, un espejo y una llamada urgente a construir una nueva manera de vivir el Derecho: más humana, más libre, más propia.
A ti, estudiante o egresado de Derecho, que alguna vez pensaste en rendirte, que te sentiste fuera de lugar, que te cuestionaste si esto era realmente lo tuyo...
Este libro viene a recordarte que no estás solo, que tu historia importa, y que tu camino en el Derecho puede ser tan único como tú decidas construirlo.
Este libro es también tu historia. Y puede ser el inicio de tu reinvención.

Bienvenido a bordo. El viaje apenas comienza. **¡Es hora de tomar el timón!**

Introducción

En las aulas de Derecho se forman miles de estudiantes cada año. Jóvenes con grandes aspiraciones, con sueños de justicia, con una firme intención de cambiar el mundo o, al menos, de encontrar un lugar digno dentro de él. Sin embargo, muchos de ellos caminan durante toda su carrera con una brújula incompleta: memorizan leyes, aprueban exámenes, hacen tareas, pero no siempre reciben las herramientas ni la guía necesarias para afrontar la realidad profesional que los espera una vez que egresan. Y esa realidad, como muchos descubren tarde, puede ser tan fría como inesperada.

Este libro nace desde la observación crítica y la vivencia directa: he sido estudiante, he buscado oportunidades, he cometido errores, pero, sobre todo, he aprendido que la práctica jurídica no empieza cuando tienes una oficina, ni cuando obtienes tu título o cédula profesional. Empieza cuando asumes, desde el primer momento, que tu formación no depende exclusivamente del sistema educativo, sino de tu propia iniciativa.

> **El Derecho no solo es una disciplina normativa; es también un espejo de la realidad social, una herramienta de transformación y una vía hacia la justicia. Este libro nace con la intención de acompañar al estudiante de Derecho en su formación profesional, con una visión práctica, crítica y contextualizada, tomando como punto de partida la legislación y realidad jurídica del profesionista del Derecho.**

A lo largo de estas páginas, el lector encontrará no solo conceptos fundamentales, sino también reflexiones, ejemplos reales, ejercicios prácticos y propuestas metodológicas que permiten conectar el aprendizaje con la experiencia forense. En un mundo jurídico en constante transformación, es fundamental que el abogado no solo conozca la ley, sino que la comprenda, la cuestione y sepa aplicarla de manera estratégica y ética.

Muchos abogados, al terminar la carrera, se enfrentan a un muro de incertidumbre. No encuentran espacios para desarrollarse, no saben cómo ofrecer sus servicios, sienten que les falta experiencia y terminan buscando trabajos ajenos al Derecho. No porque no tengan vocación, sino porque nadie les enseñó cómo ejercerla de forma autónoma, práctica y viable. ¿Cuántos egresados terminan en otros campos laborales? ¿Cuántos pierden tiempo valioso esperando que alguien les dé una oportunidad, cuando bien pudieron comenzar por su cuenta, desde lo más básico?

La transición de la vida estudiantil a la vida profesional es un desafío que muchos estudiantes de Derecho enfrentan al finalizar su licenciatura.

Ese paso de estudiante a profesional resulta un salto al vacío, un momento en el que la seguridad del aula se desvanece y nos enfrentamos a un mundo desconocido.

Sin una guía clara, nos vemos obligados a navegar por un laberinto de dudas y preguntas: ¿Qué significa realmente ser un abogado? ¿Cómo se aplica la teoría en la práctica? ¿Qué se espera de mí en el campo laboral? ¿Estoy haciendo lo correcto? Cientos son las preguntas a las que nos enfrentamos. La incertidumbre puede ser abrumadora, y es fácil sentirse perdido en un mar de posibilidades y expectativas. En este libro busco ofrecer una brújula para guiar a los estudiantes y jóvenes profesionales en este viaje, y ayudarles a encontrar su camino en el mundo del Derecho.

El objetivo de este libro no es solo despertar la conciencia del estudiante de Derecho, sino provocarlo a actuar. Aquí encontrarás reflexiones, modelos de negocio jurídico básicos, ideas prácticas para comenzar tu camino profesional incluso desde antes de titularte, y, sobre todo, una propuesta clara: no necesitas saberlo todo para empezar. Basta con saber algo bien, ofrecerlo con ética, profesionalismo y visión, e ir creciendo paso a paso. Emprender como abogado no es una meta lejana, es una decisión posible.

Este texto no es una receta mágica, pero sí un mapa. Y, como todo mapa, necesita de alguien que se anime a caminar. Si estás dispuesto a tomar el control de tu formación, si estás listo para construir tu propia experiencia, si te interesa aprender a ofrecer servicios útiles desde lo que ya sabes... entonces este libro es para ti.

La presión por obtener experiencia y habilidades prácticas puede llevar a algunos estudiantes a buscar maestrías o especializaciones que no necesariamente cumplen el fin perseguido. Fui testigo de compañeros que, al terminar la licenciatura, siguieron con una maestría de inmediato, creyendo que sería un paso más hacia la consolidación profesional. Pero lo que ocurrió en muchos casos fue que, al final, nunca ejercieron la abogacía. Esa ruta académica no suplió lo que nunca tuvieron: práctica real.

Durante mis años de estudio, ya se empezaban a marcar ciertas diferencias entre los compañeros. Había quienes contaban con una ventaja significativa: tenían un familiar cercano —ya fuera su madre, padre, tío, tía, primo, amigo o conocido— que ejercía la abogacía. Esa red de apoyo les daba acceso a algo que en la universidad no siempre está al alcance: la práctica. Para ellos, era natural vincular lo que aprendían en clase con la realidad del ejercicio profesional, porque lo veían, lo escuchaban, y en algunos casos incluso lo vivían desde casa. Si en mi salón éramos 46 alumnos, podría decir que al menos cinco de ellos tenían esa ventaja: ese puente entre la teoría y la práctica que tanto pesa en nuestra formación.

Y luego están los otros.

-La mayoría.

Aquellos que no teníamos a nadie que pudiera orientarnos en ese aspecto. Para nosotros, el Derecho era algo que se estudiaba en libros, se discutía en clase y se evaluaba en exámenes, pero que difícilmente se vivía. No por falta de ganas, sino por falta de oportunidades.

Porque la verdad es que, incluso hoy en día, no es nada fácil encontrar un despacho o firma legal que brinde espacio a los estudiantes para comenzar a practicar.

Y aquí se presenta una situación aún más compleja: muchos de nosotros, al entrar a la carrera, ya teníamos una idea —a veces vaga, a veces clara— del camino que queríamos seguir. En mi caso, por ejemplo, deseaba ser penalista. Pero el deseo no basta. En la búsqueda de oportunidades, uno se encuentra con que, después de meses de espera, por fin llega una vacante… pero no en un despacho penalista, sino civilista. ¿Qué haces? La necesidad de practicar es tan fuerte que aceptas. Y así, terminas aprendiendo algo que nunca habías considerado, y que quizá nunca habías querido aprender. No porque sea malo, sino porque no era tu plan. Lo que demuestra que, muchas veces, como estudiantes, no decidimos plenamente nuestro rumbo; son las circunstancias las que terminan haciéndolo por nosotros.

Como estudiante de Derecho, formé parte de un grupo de aproximadamente 45 compañeros. Éramos el grupo A, aunque también existía el grupo B, que contaba con una cantidad similar de alumnos —unos 43, si la memoria no me falla. Juntos compartimos aulas, materias, exámenes y ese ideal común de algún día convertirnos en abogados, sin imaginar que, para muchos, ese sueño se iría diluyendo en el camino.

Hoy, con el paso de los años, puedo decir con certeza que al menos el 70 % de mis compañeros no se dedica al Derecho. Se encuentran en otros sectores, algunos muy alejados del campo jurídico. Y estoy convencido de que esta no es una situación exclusiva de mi generación; se repite, año tras año, en las distintas universidades del país.

Todo esto me lleva a una reflexión inevitable: la falta de práctica durante la etapa universitaria influye profundamente en el desarrollo profesional de los futuros abogados. Porque la carrera puede terminarse sin haber pisado nunca un juzgado, sin haber asistido a una audiencia, sin haber redactado un solo escrito real. Y eso, en la práctica, tiene consecuencias serias. Salir al mundo profesional sin esa experiencia previa convierte el inicio en una cuesta mucho más empinada.

Este libro nace precisamente de esa vivencia. De la necesidad de compartir lo que vi, lo que viví y lo que me hubiera gustado saber cuando era estudiante. No pretende ser una guía definitiva, sino un espacio de reflexión y apoyo para quienes están recorriendo el mismo camino que yo recorrí. Porque, si algo he aprendido, es que el Derecho no se aprende solo en las aulas. Se vive, se respira, se practica. Y sin esa práctica, es muy fácil perderse en el camino.

Así pues, deseo compartir mis reflexiones, experiencias y cuanto hoy transmito, con la esperanza de que pueda ayudarte a superar estos desafíos y te sirva para desarrollar una carrera profesional exitosa. Mi objetivo es ofrecer orientación y apoyo a los estudiantes y jóvenes profesionales que se enfrentan a los mismos obstáculos que yo viví durante mi formación. Más que una obra acabada, este libro es una invitación al diálogo, al análisis profundo y a la construcción constante del conocimiento jurídico desde una perspectiva comprometida con la justicia y la práctica profesional.

Quiero ayudarte a despertar ese gigante que llevas dentro, a que veas con más claridad lo que eres capaz de lograr tan solo tomando pequeñas acciones. Porque la realidad que buscas la vas construyendo tú mismo, paso a paso, acción tras acción. La independencia laboral temprana para un estudiante universitario no solo es una aspiración válida, sino una estrategia cada vez más relevante y alcanzable. Esta independencia puede traducirse en la generación de tus propios ingresos y en la acumulación de experiencia profesional valiosa en el campo correspondiente.

Este camino, aunque desafiante, ofrece beneficios significativos y sienta las bases para un futuro profesional exitoso. La independencia laboral del estudiante de Derecho no se trata solo de obtener ingresos: implica una inmersión temprana en el mundo profesional que acelera el desarrollo de competencias clave, fomenta la innovación y construye una base sólida para una carrera legal con propósito. Al transitar esta ruta con responsabilidad, ética, formación sólida y una estrategia clara, los estudiantes pueden convertir sus años universitarios en una plataforma de lanzamiento hacia un ejercicio profesional autónomo y prometedor.

Es crucial destacar que esta independencia debe ejercerse siempre dentro de los límites éticos y legales, reconociendo las restricciones que impone el hecho de no contar aún con la cédula profesional para ejercer plenamente como abogado. Ser transparente con los clientes sobre tu condición de estudiante es fundamental.

> “ ***No esperes a egresar para comenzar a ejercer.***
> ***No esperes a que alguien más te diga que puedes.*** ”

La práctica profesional no se hereda ni se otorga: **se construye.** Y para construir, primero debemos deshacernos de aquellos hábitos, excusas y creencias que nos mantienen atados a la mediocridad, al conformismo y a los efectos tan devastadores que pueden tener en nuestra vida. Solo entonces podemos ser testigos de los grandes cambios que ocurren cuando, finalmente, decidimos dejar atrás nuestras excusas y tomar acción.

Para llegar al siguiente nivel —sea cual sea tu objetivo— necesitas pensar y actuar de forma distinta. No alcanzarás la próxima fase de un proyecto sin una mentalidad más ambiciosa. Tus pensamientos y acciones son responsables del lugar que ocupas en este momento. ¡Así que sería razonable sospechar de ambos!

Los pensamientos son el activador principal de nuestras emociones. Se calcula que tenemos entre 20 mil y 60 mil pensamientos durante el día, y cada pensamiento es la llave que abre o cierra tu mente hacia el éxito.

Si estás pensando cosas negativas sobre ti mismo, como "mi vida es un fracaso", "estoy mal", "no sirvo para nada", estás reciclando algunas carencias durante todo el día a través de tus propios pensamientos. No existen pensamientos neutrales: cada pensamiento te acerca o te aleja de la persona que quieres llegar a ser. Desafortunadamente, el 90 % de los pensamientos que algunas personas tienen hoy sobre sí mismas y sobre su autoconcepto son repeticiones de los pensamientos del pasado. A esta forma de pensamiento se le llama ***"diálogo interno".***

¿Cómo es tu diálogo interno? ¿Qué te dices a ti mismo?

Está demostrado que conversamos con nosotros mismos de 10 a 14 horas al día. Si no tenemos un diálogo interno positivo, entonces... ¿cuántas horas al día estamos haciéndonos auto sabotaje?

El inicio de toda transformación en el Derecho radica en la capacidad de analizar el pasado y replantear el futuro con una mirada crítica. Como estudiantes de Derecho, es esencial desaprender viejas costumbres y creencias que puedan limitar nuestra capacidad de argumentar y razonar con claridad. Romper con patrones establecidos nos permite evolucionar y fortalecer nuestra capacidad analítica y ética.

Si continuamos aplicando las mismas estrategias sin cuestionarlas, obtendremos resultados predecibles. En el camino del aprendizaje jurídico, el autoconocimiento es clave para definir nuestras aspiraciones y principios. A través de una visión estructurada y sin rodeos, aprenderás a identificar tus objetivos y actuar con determinación.

Es momento de redescubrirte como estudiante y futuro profesional del Derecho, adoptando herramientas que impulsen tu crecimiento y excelencia en la práctica legal.

"Esperar la oportunidad es ceder el control.
Crear la oportunidad es ejercer el Derecho desde su raíz.

Capítulo 1

CUANDO EL DERECHO PESA

Cómo enfrentar la Incertidumbre Profesional desde la Universidad.

Ser estudiante de Derecho no es solamente aprender artículos, códigos y teorías jurídicas. Es también convivir con la ansiedad de no saber si algún día vivirás de esta profesión. Es mirar alrededor y ver una generación brillante, pero agotada, intentando abrirse paso en un mundo legal saturado, jerárquico y muchas veces indiferente al esfuerzo individual.
Estudiar Derecho implica, a menudo, convivir con la duda:

¿seré un buen abogado? ¿Me contratarán? ¿Y si no sirvo para esto?

Si tú, que lees esto, has sentido esa carga emocional, **no estás solo.** Este libro es para ti: para recordarte que todo lo que hoy parece caos, con estrategia, práctica y propósito, puede transformarse en una carrera digna, libre y profundamente humana.

EL PESO DE LAS EXPECTATIVAS

Muchos estudiantes llegan a la facultad con una imagen idealizada del Derecho. Algunos soñamos con litigar grandes casos, otros con cambiar el mundo desde el activismo o la academia. Sin embargo, muy pronto se enfrentan con una realidad dura:

- La mayoría de los despachos piden experiencia antes de ofrecerla.
- Las prácticas suelen ser mal pagadas o simbólicas.
- Hay una distancia entre lo que enseña la universidad y lo que se exige en el mercado.

A eso se suma una presión silenciosa: **la comparación constante con otros.**

- La compañera que ya trabaja en un juzgado.
- El amigo que publica en redes sus logros.
- El profesor que exige excelencia, pero no explica cómo alcanzarla.

Todo esto puede generar una mezcla peligrosa: frustración, ansiedad, baja autoestima profesional. Muchos comienzan a dudar de su vocación; otros entran en una inercia académica sin pasión.

OBSTÁCULOS REALES: DEL AULA A LA CALLE

Los retos más comunes que enfrentan los estudiantes al intentar incorporarse al mundo jurídico incluyen:

- **Falta de experiencia práctica real**

Uno de los obstáculos más persistentes y frustrantes para los estudiantes de Derecho —incluso para muchos egresados— es la falta de experiencia práctica real. Aunque la formación teórica es indispensable y proporciona los fundamentos del Derecho, rara vez basta para desenvolverse con soltura en la vida profesional.
En el aula se aprenden normas, principios, procedimientos, pero en la calle se enfrenta el miedo a hablar con un cliente, la presión de una audiencia o la incertidumbre al redactar un documento por cuenta propia.
El problema no es solo la ausencia de práctica, sino la forma en que se internaliza: como inseguridad, como duda constante, como la idea de que "todavía no estoy listo". Así, muchos estudiantes entran a su servicio social, prácticas o primer empleo con un síndrome de impostor jurídico, convencidos de que todo lo que saben se queda corto frente a la realidad.
No es raro escuchar frases como:

- "Nunca he ido a un juzgado."
- "No sé cómo se habla con un cliente."
- "Nunca he redactado una demanda completa yo solo."

Esta desconexión entre el conocimiento académico y la exigencia práctica crea un vacío. Un terreno incierto donde el joven jurista no sabe por dónde comenzar y teme cometer errores que lo descalifiquen. Pero es precisamente allí donde nace la verdadera formación profesional.
La falta de experiencia no debe verse como un defecto, sino como un punto de partida. El error es evitarla, esconderla o negarla. En cambio, lo estratégico es exponerla, enfrentarse a ella, buscarla activamente: acompañando a abogados en sus gestiones, leyendo expedientes reales, ofreciendo asesorías bajo supervisión, participando en actividades pro bono o practicando con simulacros lo más realistas posible.
Además, es importante comprender que nadie comienza con experiencia, pero muchos logran desarrollarla rápido gracias a una actitud activa, humilde y decidida. La práctica no cae del cielo ni aparece mágicamente con el título: se construye, se provoca, se busca.

- **Redes de contacto limitadas**

En el Derecho, como en muchos ámbitos profesionales, **no basta con saber: hay que saber con quién.**
Uno de los obstáculos más invisibles —pero más poderosos— que enfrentan los estudiantes y recién egresados es la **falta de redes de contacto**. No conocer a las personas adecuadas puede cerrar oportunidades incluso antes de que existan.
Y no hablamos solo de "palancas", sino de algo más profundo: estar aislado del ecosistema jurídico real.
Muchos estudiantes se gradúan sin haber intercambiado nunca una conversación con un abogado litigante, un notario, un juez o un gestor. No saben cómo presentarse, cómo pedir una oportunidad, cómo integrarse a un equipo.

Salen al mundo laboral sin conocerlo, sin saber quiénes son los actores clave en su ciudad, sin saber a qué instituciones acercarse o qué foros jurídicos existen en su entorno.

Este aislamiento genera un círculo vicioso: como no conocen a nadie, nadie los recomienda. Como nadie los recomienda, no entran a ningún despacho. Como no entran, no generan experiencia. Como no tienen experiencia, no se sienten capaces… y el ciclo se repite.

Pero este obstáculo no es una condena. Es una alarma que puede transformarse en acción estratégica. El primer paso es entender que construir una red de contactos no es sinónimo de ser extrovertido o influyente, sino de ser intencional y constante. Se trata de asistir a eventos jurídicos, pedir mentorías, participar en actividades extracurriculares, buscar espacios donde otros estudiantes, docentes y profesionistas puedan verte actuar, compartir tus ideas y notar tu compromiso.

Una red no se hereda: **se construye.** A veces comienza con una sola conversación bien hecha. Un buen comentario en clase. Una pregunta valiente a un expositor. Un correo con una propuesta concreta. Unirse a una asociación estudiantil, abrir un perfil profesional en redes o incluso invitar a otros compañeros a estudiar juntos con propósito puede ser el inicio de una cadena de conexiones que te **abrirá puertas** en el futuro inmediato.

Porque no tener contactos al inicio no es una desventaja, sino una oportunidad para construirlos a tu manera.

- **Escasez de oportunidades dignas para principiantes**

Una de las verdades más crudas del mundo jurídico es que **no todos los espacios disponibles para estudiantes o egresados son oportunidades dignas.** Es frecuente encontrar despachos, notarías o instituciones que abren sus puertas a los jóvenes únicamente para delegarles tareas repetitivas, sin formación real, sin remuneración y, muchas veces, sin el más mínimo respeto por su tiempo, esfuerzo o aprendizaje.

El problema no es solo que haya pocas vacantes, sino que muchas de ellas no representan un camino de crecimiento, sino una forma de precarización: jornadas largas, sin pago o con "apoyos simbólicos", sin oportunidades de aprender lo esencial, sin un mentor que enseñe, sin un plan de formación.

Este tipo de prácticas genera una enorme desmotivación. El estudiante que entra con ilusión, sale desencantado. Se convence de que "así es el mundo jurídico" y de que hay que aguantar, callar y esperar años para tener voz. Pero eso es falso. La dignidad profesional no debe aplazarse hasta después del título. Se exige desde el inicio.

Ahora bien, ¿significa esto que debemos esperar a que el sistema cambie para actuar? No.

Aquí es donde entra la estrategia: **quien no encuentra una oportunidad, puede crearla.**

Muchos jóvenes abogados han iniciado su camino ayudando a su comunidad, orientando gratuitamente a personas cercanas, colaborando en proyectos sociales, uniéndose a clínicas jurídicas, abriendo cuentas informativas en redes o proponiendo ideas a instituciones que ni siquiera habían considerado integrar a un estudiante.

La clave está en no limitarse a "buscar empleo", sino en ofrecer soluciones, proponer colaboraciones, demostrar valor. Un principiante no necesita saberlo todo, pero sí debe mostrar iniciativa, pensamiento crítico, ética y disposición para aprender. **Eso es lo que, muchas veces, abre la puerta.**

Porque tu tiempo, tu energía y tu formación valen. Y eso debe notarse desde tu primer paso profesional.

- **Síndrome del impostor**

Aunque casi nunca se habla de él en la universidad, el síndrome del impostor es una de las barreras más comunes que enfrentan quienes estudian Derecho o están dando sus primeros pasos en la práctica jurídica. Se manifiesta como una sensación persistente de que no estás listo, de que en realidad no sabes lo suficiente o que, tarde o temprano, alguien notará que "no eres un verdadero abogado".

No importa si sacaste buenas calificaciones, si llevaste todas las materias, si hiciste prácticas o incluso si ya titulaste. Esa voz interna, silenciosa pero insistente, aparece al redactar tu primera demanda, al intentar explicar un tema a un cliente, al escuchar hablar a otros colegas con más experiencia o al enfrentarte a una entrevista de trabajo.

- "¿Quién soy yo para opinar de esto?"
- "Seguro alguien ya lo hizo mejor."
- "¿Y si cometo un error y arruino todo?"

Esta inseguridad no siempre se basa en la realidad, sino en percepciones distorsionadas. En la idea errónea de que un abogado "de verdad" debe tener respuesta para todo, hablar con absoluta seguridad, dominar cada código y actuar sin titubeos. Pero eso no es realista ni justo. El Derecho es un campo complejo y vivo. Nadie lo domina todo. Todos —desde estudiantes hasta jueces— están en constante aprendizaje.

El problema no es dudar. La duda puede ser señal de conciencia y responsabilidad. El problema es dejar que esa duda te impida actuar, aprender o crecer. Y eso es justamente lo que el síndrome del impostor provoca: parálisis, miedo a tomar decisiones, autoexclusión de oportunidades valiosas. **Romper con este patrón requiere algo más que confianza: requiere estrategia.**

Aquí algunas claves que exploraremos en este libro y que puedes comenzar a practicar:

- **Valida tu proceso**. No necesitas saberlo todo para comenzar. Necesitas comenzar para saber más.

- **Evita las comparaciones injustas.** No te midas con quien lleva años en el ejercicio. Compárate contigo mismo: ¿qué sabes hoy que hace un año no sabías?
- **Busca espacios seguros para practicar.** La mentoría, los simulacros, las clínicas jurídicas o incluso los ejercicios entre colegas pueden ayudarte a ganar experiencia sin el peso de tener que "lucir perfecto".
- **Reformula tus pensamientos.** Cuando pienses "no sé suficiente", cámbialo por: "sé lo suficiente para comenzar y estoy dispuesto a seguir aprendiendo". Porque el verdadero impostor no es quien duda, sino quien finge que ya lo sabe todo. Tú estás en formación. Y eso no solo es válido, es poderoso.
- **Incertidumbre económica.** La presión de empezar a generar ingresos choca con el tiempo que requiere consolidarse como profesionista.

Este es uno de los temores al egresar de la carrera: **no saber cómo vivir de esto.**

- ¿Cómo conseguir ingresos estables?
- ¿Quién va a pagar por mis servicios si soy principiante?
- ¿De qué voy a vivir mientras "me doy a conocer"?
- ¿Voy a terminar aceptando cualquier trabajo, mal pagado, solo para sobrevivir?

La incertidumbre económica es real. Es un peso silencioso que acompaña a muchos jóvenes juristas, especialmente a quienes no tienen una red de apoyo, quienes vienen de entornos sin tradición profesional o quienes no pueden permitirse "esperar a que llegue una oportunidad".

Y el sistema jurídico tradicional no ayuda mucho. Es común que las primeras experiencias laborales —si las hay— sean mal remuneradas, sin seguridad social, sin estabilidad ni perspectiva de crecimiento. Incluso prácticas profesionales o servicios sociales que se exigen por norma a menudo se realizan en condiciones precarias, bajo el discurso de que "así es como se empieza". Aceptar la precariedad como norma no es una estrategia: es una trampa.

La clave está en dejar de pensar como empleado pasivo y comenzar a actuar como profesional en formación activa.

No se trata de hacer todo de inmediato, sino de entender que puedes diseñar una trayectoria con sustento, paso a paso, si reconoces tu valor y aprendes a comunicarlo.

Porque sí: puedes vivir del Derecho. Pero necesitas aprender a cobrar por lo que haces y conoces, comunicar lo que sabes y resistir la idea de que "primero hay que aguantar unos años" para después tener dignidad.

No te olvides de por qué comenzaste

Volver a tu motivación inicial —aunque ya no se vea igual— puede darte el combustible para seguir. Tal vez ya no quieras ser *"el mejor abogado del país"*, pero sí uno que se desempeñe con honestidad, defienda con estrategia y viva con propósito. Este camino no es fácil, pero tampoco estás solo. Muchos lo estamos recorriendo contigo.

Y aunque no podamos allanar todas las piedras, sí podemos mostrarte que hay más de un camino posible hacia una vida profesional justa, ética y plena.
Sigue **aprendiendo**, sigue **preguntando**, sigue **soñando** con los pies en el barro jurídico, porque ahí es donde se forjan los verdaderos abogados del cambio.

EL DESAFÍO SILENCIOSO: HISTORIAS DE VOCACIÓN Y RESILIENCIA EN EL UMBRAL DE LA PRÁCTICA JURÍDICA

La facultad de Derecho, con sus aulas solemnes y la promesa de un futuro donde la justicia es el estandarte, a menudo se percibe como un camino directo hacia la estabilidad y el prestigio profesional. Sin embargo, tras los años de extenuante estudio, la realidad del mercado laboral puede presentarse como un laberinto inesperado y, en ocasiones, desalentador.
Las historias de jóvenes abogados que luchan por encontrar su lugar son un testimonio de vocación, pero también de las crecientes dificultades para insertarse y desarrollarse en un campo cada vez más competitivo y en constante transformación.
Tomemos el caso hipotético —aunque dolorosamente real para muchos— de Ana. Desde niña soñaba con ser abogada defensora, inspirada por relatos de justicia y equidad. Se graduó con honores, participó en concursos de litigación y dedicó incontables horas a prácticas no remuneradas. Sin embargo, al buscar su primer empleo formal, se encontró con un muro: "se requiere experiencia previa", junto con una saturación de postulantes para cada vacante. La competencia feroz no solo minaba su confianza, sino que también la sumergía en una espiral de ansiedad.
Ver a compañeros —quizás con menos pasión, pero con contactos más influyentes — asegurar posiciones mientras ella acumulaba rechazos, generó un profundo impacto emocional. La frustración de sentir que su esfuerzo y dedicación no eran suficientes la llevó a cuestionar su valía y, en los momentos más oscuros, su elección de carrera. Ana comenzó a sentir que el sueño que tanto había costado construir se desvanecía entre sus dedos, transformándose en una pesada carga de incertidumbre.
Otra perspectiva nos la ofrece la historia de Javier, un joven que, anticipando la complejidad del mercado, decidió especializarse en una rama emergente del derecho tecnológico. Confiaba en que esa visión de futuro le abriría puertas. Si bien encontró algunas oportunidades como freelance, la falta de estructuras formales y la reticencia de los despachos tradicionales a invertir en áreas consideradas **"de nicho"** limitaron su crecimiento. Javier experimentó la soledad del pionero, la presión de tener que educar a sus potenciales empleadores sobre la relevancia de su campo y la inestabilidad económica que ello conllevaba.
La necesidad de adaptarse era constante: aprender nuevas habilidades de marketing personal, generar redes de contacto desde cero y, sobre todo, mantener la motivación cuando el reconocimiento y la estabilidad parecían inalcanzables.
Su lucha no era contra la falta de oportunidades per se, sino contra la lentitud del mercado para abrazar la innovación y ofrecer espacios sólidos a los nuevos perfiles.
Estas narrativas, aunque puedan ser ficticias en sus detalles, encapsulan las vivencias de una generación de juristas que enfrenta un panorama laboral complejo.

El impacto emocional de esta travesía es innegable: la ilusión inicial choca con la realidad, la pasión se ve amenazada por la precariedad, y la competencia puede erosionar la solidaridad entre colegas. La sensación de estar a la deriva después de años de navegación académica es una experiencia común que merece ser reconocida y abordada.

Entonces, ¿cómo tender puentes para que estos jóvenes talentos no solo ingresen al mercado, sino que también puedan florecer en él? Las soluciones son multifacéticas y requieren un compromiso conjunto. En primer lugar, las universidades tienen un rol crucial en adaptar sus planes de estudio, no solo transmitiendo conocimientos teóricos, sino también fomentando habilidades prácticas, inteligencia emocional, capacidad de gestión y una visión emprendedora. La mentoría por parte de profesionales establecidos puede ofrecer una guía invaluable, compartiendo experiencias y abriendo puertas que de otro modo permanecerían cerradas.

Además, es fundamental fomentar una cultura de colaboración por encima de la competencia descarnada.

La creación de redes de apoyo entre recién egresados, así como la promoción de espacios de encuentro con empleadores que busquen talento fresco y diverso, pueden marcar una diferencia significativa. Los colegios de abogados y las instituciones públicas también pueden jugar un papel activo, generando programas de primer empleo, facilitando el acceso a la formación continua en áreas estratégicas y promoviendo la transparencia en los procesos de selección.

Para los propios estudiantes y recién egresados, la resiliencia y la capacidad de adaptación se erigen como herramientas fundamentales. Esto puede significar explorar ramas del Derecho menos tradicionales, desarrollar habilidades complementarias (como el dominio de idiomas o la competencia digital), o incluso considerar el ejercicio independiente con un enfoque innovador. La especialización inteligente, basada en un análisis de las demandas reales del mercado, sigue siendo una estrategia valiosa.

En definitiva, las historias de Ana y Javier, y de tantos otros jóvenes abogados, no deben ser vistas como fracasos individuales, sino como un llamado a la reflexión para todo el ecosistema legal. Generar empatía hacia sus desafíos es el primer paso para construir un futuro donde la vocación por la justicia encuentre un camino más accesible y gratificante. Se trata de reconocer que el talento y la pasión necesitan de oportunidades y de un entorno que los nutra, para que la próxima generación de abogados pueda, efectivamente, poner su conocimiento al servicio de la sociedad.

EL LABERINTO DEL RECIÉN EGRESADO DE DERECHO: HISTORIAS DE DESAFÍOS Y CAMINOS HACIA LA INSERCIÓN LABORAL

La Facultad de Derecho despide cada año a una nueva generación de jóvenes armados con códigos, teorías y la ilusión de un futuro profesional prometedor

Sin embargo, la transición del aula al competitivo mundo laboral jurídico a menudo se asemeja más a un laberinto lleno de obstáculos inesperados que a una autopista directa hacia el éxito.

Las historias de quienes han recorrido este camino, reales o hipotéticas, revelan un panorama complejo marcado por la feroz competencia, la escasez de oportunidades y una imperiosa necesidad de adaptación, dejando una profunda huella emocional en quienes lo transitan.

Pensemos en Sofía, una egresada con un expediente académico brillante y una pasión genuina por la justicia social. Al graduarse, se encontró con una realidad abrumadora: cientos de currículums como el suyo inundando los pocos despachos que ofrecían vacantes para perfiles junior. Cada correo sin respuesta, cada entrevista que no se concretaba, mellaba su confianza. La competencia no era solo por un puesto, sino por la validación de años de esfuerzo.

"Sentía que la montaña que había escalado durante la carrera solo era la antesala de una cordillera aún más imponente", podría confesar Sofía, reflejando la ansiedad y la frustración que experimentan muchos jóvenes abogados al enfrentarse a un mercado saturado donde la experiencia previa es, paradójicamente, el requisito más común para adquirirla.

Otro caso podría ser el de Javier, quien, tras meses de búsqueda infructuosa en su área de interés, el derecho penal, aceptó un puesto en un área completamente distinta, con un salario que apenas cubría sus gastos básicos. Esta situación de subempleo, aunque le proveía de un ingreso, generaba en él un sentimiento de estancamiento y la dolorosa pregunta de si su vocación inicial tendría alguna vez cabida en su desarrollo profesional. ***"Veía a colegas en redes sociales celebrando pequeños logros en los campos que amábamos, y aunque me alegraba por ellos, no podía evitar una punzada de envidia y la sensación de estar traicionando mis propios sueños"***, podría relatar, ilustrando el impacto emocional de la falta de oportunidades alineadas con las aspiraciones personales y la presión de un entorno que a menudo equipara el éxito inmediato con la valía profesional.

La historia de Laura podría representar la necesidad crítica de adaptación. Egresada de una universidad con un plan de estudios tradicional, descubrió rápidamente que el mercado demandaba habilidades que apenas había explorado: conocimiento en legaltech, manejo de software de gestión de casos, e incluso marketing digital para abogados.

La brecha entre la formación recibida y las exigencias del entorno laboral moderno la obligó a invertir tiempo y recursos adicionales en cursos y certificaciones, sintiendo la presión de una carrera contra el tiempo para no quedarse obsoleta antes siquiera de haber comenzado. ***"Era como si el título universitario fuera solo el boleto de entrada a otra maratón de aprendizaje, una que nadie me había advertido que tendría que correr"***, reflexionaría, evidenciando la urgencia de que las instituciones educativas revisen y actualicen sus programas para reflejar las nuevas realidades del ejercicio profesional.

Estas narrativas, aunque con matices individuales, convergen en un punto crucial: la inserción laboral de los jóvenes abogados es un desafío sistémico que requiere soluciones multifacéticas. No se trata simplemente de la "mala suerte" individual, sino de una estructura que necesita ser repensada para acoger y potenciar el talento emergente.

POSIBLES SOLUCIONES PARA MEJORAR LA INSERCIÓN LABORAL

Para generar un cambio significativo, se requiere un esfuerzo coordinado entre instituciones educativas, colegios de abogados, despachos y los propios estudiantes y recién egresados.

1.- Transformación de la educación legal

Las facultades de Derecho deben ir más allá de la enseñanza teórica.

Es fundamental:

- Integrar la práctica: Fomentar pasantías de calidad, talleres de simulación de juicios y clínicas jurídicas desde etapas tempranas de la formación.
- Desarrollar habilidades blandas y digitales: Incorporar módulos sobre negociación, oratoria, inteligencia emocional, gestión de proyectos, marketing jurídico y el uso de tecnologías legales emergentes.
- Orientación profesional temprana y realista: Ofrecer asesoramiento continuo sobre las diversas salidas profesionales del Derecho, las realidades del mercado y la importancia de la especialización y la formación continua.

2.- Fomento de programas de mentoría y tutoría

Conectar a abogados jóvenes con profesionales experimentados puede ser invaluable. Los colegios de abogados y las grandes firmas podrían liderar iniciativas para:

- Establecer programas formales de mentoría que guíen a los recién egresados en sus primeros pasos, ofreciendo consejo, apoyo y acceso a redes de contacto.
- Crear espacios de networking estructurados que faciliten la interacción entre generaciones de abogados.

3.- Promoción de primeras oportunidades laborales

Se necesitan incentivos y una cultura que valore el potencial por encima de la experiencia previa para los roles de entrada:

- Los despachos y empresas podrían comprometerse a destinar un porcentaje de sus nuevas contrataciones a recién egresados, con programas de capacitación interna.
- Explorar modelos de "residencias legales" o prácticas profesionales remuneradas y con acompañamiento, similares a las que existen en otras profesiones.

4.- Adaptabilidad y proactividad del egresado

Los nuevos abogados también tienen un rol activo que desempeñar:

- Formación continua y especialización: Identificar nichos de mercado con demanda creciente y buscar formación especializada, incluyendo habilidades tecnológicas.
- Desarrollo de una marca personal: Utilizar herramientas digitales para construir una presencia profesional, compartir conocimientos y conectar con otros profesionales.
- Resiliencia y cuidado de la salud mental: Reconocer que el camino puede ser difícil y buscar apoyo emocional cuando sea necesario. La presión y la competencia pueden tener un alto costo, y es vital priorizar el bienestar.

5.- Impulso al Emprendimiento Legal: Fomentar la creación de nuevos despachos o servicios legales innovadores puede ser una vía para aquellos con espíritu emprendedor, ofreciendo alternativas a las rutas tradicionales. Las incubadoras de empresas y el acceso a financiación específica para proyectos legales podrían ser de gran ayuda.

En conclusión, las dificultades que enfrentan los estudiantes y recién egresados de derecho para insertarse en el campo laboral son un llamado a la reflexión y a la acción. Generar empatía a través de sus historias es el primer paso para comprender la profundidad del problema. Sin embargo, es la implementación de soluciones concretas y colaborativas lo que permitirá transformar este laberinto en un camino con mayores certezas y oportunidades, donde la pasión por la justicia y el conocimiento adquirido en las aulas encuentren un terreno fértil para florecer y contribuir a la sociedad. La próxima generación de abogados merece un horizonte más despejado.

Henry Ford dijo: "Ya sea que piense que puede,
o que no puede, tiene razón".

Capítulo 2

CAMBIANDO MENTALIDAD

En Derecho, el éxito no llega por inercia: comienza cuando el estudiante deja de esperar oportunidades y empieza a crearlas.

REPENSAR EL CAMINO: DE LA BÚSQUEDA PASIVA A LA ACCIÓN PROFESIONAL DESDE LA ETAPA ESTUDIANTIL

Desde mis años como estudiante hasta el ejercicio actual de la profesión, he sido testigo directo de las realidades que enfrentan quienes transitan por la carrera de Derecho. Muchas de estas situaciones, que a primera vista parecen reglas inquebrantables o pasos obligatorios para "llegar a ser abogado", se desvanecen con el análisis crítico y la experiencia práctica. En el fondo, lo que hace falta no siempre es una oportunidad externa, sino un cambio profundo en la forma de **pensar y actuar.**

Un claro ejemplo de esto es la creencia común de que el único camino válido para adquirir experiencia profesional es encontrar un lugar en un despacho, notaría o firma jurídica para realizar las llamadas "prácticas necesarias". Si bien estos espacios pueden aportar mucho, la realidad es que no son la única, ni la mejor vía para comenzar a formarse como **jurista práctico.**

Debemos rebobinar y poner en perspectiva lo ocurrido hasta ahora. El proceso de desaprender implica hacer un esfuerzo consciente por decodificar y deshacernos de patrones mal establecidos, abandonando así nuestra zona de confort. Durante décadas, el imaginario colectivo dentro de las facultades de Derecho ha promovido una ruta "correcta" para el estudiante: asistir a clases, aprobar exámenes, obtener el título, buscar una pasantía o empleo, ganar experiencia y entonces —solo entonces— empezar a ejercer de forma independiente. Este esquema tradicional, si bien no es erróneo en sí mismo, ha quedado obsoleto frente a las nuevas exigencias del entorno profesional y a las posibilidades reales que un estudiante de Derecho puede tener **si decide actuar desde hoy, en lugar de esperar pasivamente una oportunidad.**

Basta con observar lo que sucede hoy en día en redes sociales: diariamente aparecen publicaciones de jóvenes egresados, incluso titulados y con cédula profesional, buscando ser aceptados como pasantes o auxiliares jurídicos. Mensajes breves como ***"Busco oportunidad para practicar. Cuento con título y cédula. Me interesa aprender"*** se han vuelto tan comunes como invisibles.

Muchos de estos anuncios son anónimos, casi como si quien los publica sintiera vergüenza de exponerse, y reflejan un fenómeno preocupante: una generación preparada académicamente, pero atrapada en la pasividad profesional, esperando a que alguien más les "abra la puerta".
Uno de los errores más comunes es asumir que el proceso de crecimiento profesional depende exclusivamente de factores externos:

- Que te llamen de un despacho.
- Que te den la oportunidad.
- Que un abogado te "pase casos" para aprender.
- Que el colegio o la universidad te abra una puerta.

Este pensamiento genera frustración, desgaste emocional y pérdida de tiempo valioso, porque coloca tu desarrollo en manos de terceros, y no en tu propia capacidad de acción.
Este tipo de búsqueda, sostenida en el tiempo y sin una estrategia clara, puede llevar a una frustración progresiva. No son pocos los casos de estudiantes y egresados que pasan meses, incluso más de un año, sin recibir respuesta alguna a estas solicitudes. Todo ese tiempo, que podría haberse aprovechado en fortalecer habilidades, generar un portafolio legal propio, diseñar un servicio jurídico básico o capacitarse en línea, se va perdiendo entre la espera y la desilusión.
Pero aquí es donde entra el punto crucial: la diferencia no está en el sistema, sino en la mentalidad. ¿Y si, en lugar de pedir una oportunidad, comenzamos a crearla? ¿Qué pasaría si el estudiante de Derecho asume desde temprano un rol activo, explora lo que sí puede ofrecer —por mínimo que sea—, y empieza a construir desde ahí? No se necesita saberlo todo, ni tener una oficina lujosa o contactos poderosos. Se necesita visión, ética, compromiso y estrategia.

> **"La verdad es que el tiempo sigue pasando, aunque tú esperes, la diferencia la marca quien decide moverse mientras otros aún están buscando pretextos para no comenzar."**

Este libro nace justamente desde esa necesidad de cambiar paradigmas: no se trata solo de aprender Derecho, sino de saber ejercerlo desde el primer momento posible, aunque sea en acciones pequeñas. Comenzar brindando asesoría jurídica básica, redactando documentos sencillos, acompañando a personas en trámites cotidianos, o incluso generando contenido legal educativo en redes sociales, puede convertirse en la mejor práctica profesional. Porque se aprende más haciendo que esperando.

Repensar el camino implica cambiar la mentalidad: de receptor pasivo de conocimiento a generador activo de experiencia profesional.
Este cambio te permite:

- Comenzar a generar experiencia aún sin tener un empleo formal.
- Fortalecer tu criterio jurídico al resolver casos reales con supervisión o consulta.
- Desarrollar habilidades blandas (trato con clientes, redacción, escucha activa, gestión del tiempo).

- Aprender a cobrar, administrar, y dar seguimiento a casos simples, con responsabilidad.
- Cultivar una red de contactos desde tus primeros pasos.

No se trata de sustituir la formación académica, sino de complementarla con estrategias que te preparen realmente para ejercer la abogacía, no solo para obtener un título.

Repensar el camino como estudiante de Derecho es comprender que **no necesitas esperar a tener el título para comenzar a actuar como un profesional.** Desde el momento en que decides asumir con seriedad tu formación, cada paso que des —por pequeño que parezca— está construyendo el abogado o abogada que serás.

La búsqueda pasiva perpetúa la frustración. En cambio, la acción —aun desde la humildad de no saberlo todo— te forma en lo más importante: **la capacidad de resolver, de comunicar, de servir.**

Así que comienza. No mañana. **Hoy.**

LA INSEGURIDAD COMO LIMITANTE DEL CRECIMIENTO PROFESIONAL.

Recuerdo haber leído en alguna ocasión respecto un estudio realizado en varias universidades al norte del país, en este estudio se buscaba encontrar cual era la razón o motivo principal por el cual los estudiantes universitarios en su gran mayoría, eran incapaces de aventurarse al campo laboral por cuenta propia, es decir, iniciar algo por su propia cuenta. Y el resultado obtenido fue que en su mayoría la inseguridad de sí mismos era la razón principal.

Si fuéramos por cada una de las universidades de México realizando una encuesta cobre la posibilidad de considerar la seguridad en sí mismos como una limitante a su crecimiento profesional, seguramente estaríamos comentando sobre un 80% de los encuestados como su principal razón por la que no se produce ese crecimiento profesional independiente.

Existe una fuerte relación entre la inseguridad de una persona y el miedo, especialmente cuando se trata de superación personal o profesional. La inseguridad, en esencia, es una sensación de falta de confianza en uno mismo, en las propias capacidades, valía o decisiones. Este sentimiento a menudo genera diversos miedos que pueden obstaculizar el crecimiento.

Aquí te explico cómo se relacionan:

MIEDO AL FRACASO

Una persona insegura tiende a dudar de sus habilidades para alcanzar el éxito. Este miedo puede ser tan paralizante que evite tomar riesgos necesarios para avanzar en su carrera o en su vida personal. El temor a no cumplir con las expectativas (propias o ajenas) alimenta la inacción.

En este punto, quiero aclarar una cosa que debes tomar en cuenta y que sin duda alguna es un factor muy importante que debes considerar, y es que lo contrario al éxito no es el fracaso, así es, vuelve a leerlo y grábalo muy bien, lo contrario al éxito no es el fracaso, lo que sí es contrario al éxito es la inacción, inactividad, no hacer nada.. Te muestro en el siguiente esquema donde se encuentra el fracaso.

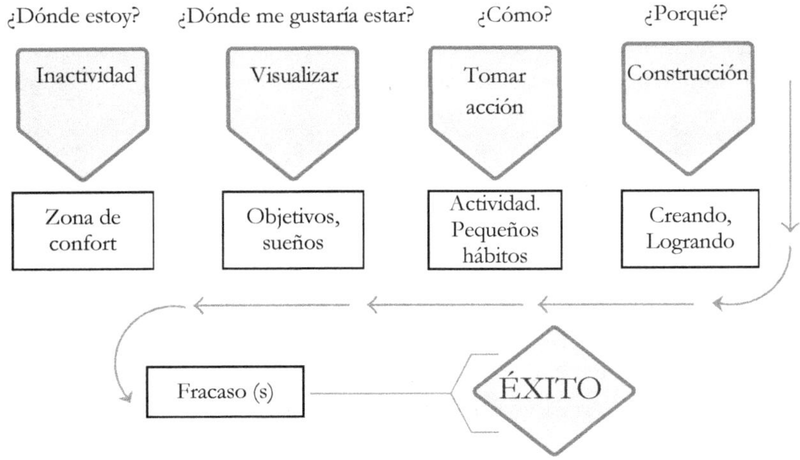

Durante años, posiblemente se nos ha hecho creer que fracasar es sinónimo de haber perdido. Que equivocarse en un juicio, dar un consejo erróneo o simplemente no lograr algo a la primera es una prueba irrefutable de incapacidad. Nada más alejado de la verdad. El verdadero enemigo del éxito no es el fracaso: es la inactividad. Es esa parálisis que nos invade cuando preferimos no intentarlo por miedo a fallar.

Fracasar implica haberlo intentado. Implica haber dado un paso, haber asumido un reto, haber salido de la zona de confort y, sobre todo, haber aprendido. Porque cada fallo que enfrentamos como estudiantes o como abogados en formación nos da información valiosa: nos revela qué mejorar, nos obliga a cuestionarnos, a estudiar más, a escuchar mejor, a afinar nuestro criterio.

La inactividad, en cambio, no enseña nada. Es una prisión invisible que nos mantiene en el mismo lugar, con las mismas dudas, con los mismos miedos. La inactividad no deja huella, no construye experiencia, no genera reputación ni clientes, y tampoco deja lecciones.

¿Te equivocaste al asesorar un caso sencillo? Perfecto, ahora sabes cómo no volver a hacerlo. ¿No supiste responder una pregunta de un cliente? Anótala, investígala y prepárate. ¿Te fue mal en una audiencia simulada? Genial, es el momento ideal para pulirte. El fracaso forma parte del trayecto del éxito, como las piedras forman parte del camino que se transita.

Por eso, no temas iniciar con lo poco que sabes. No esperes el "momento ideal", ni el "curso perfecto", ni el "despacho soñado". Empieza ya, aunque cometas errores. Porque el único camino al éxito es la acción, y el verdadero fracaso es quedarse inmóvil esperando que algo suceda por sí solo.

> **El estudiante que fracasa aprendiendo, avanza.**
> **El que espera sin moverse, se detiene solo**

MIEDO AL RECHAZO O A LA CRÍTICA

La inseguridad suele ir acompañada de una alta sensibilidad a la opinión de los demás. El temor a ser juzgado negativamente, a no ser aceptado o a recibir críticas puede llevar a evitar situaciones de exposición, como presentar una idea, aspirar a un puesto superior o incluso expresar opiniones.

Uno de los miedos más persistentes y paralizantes en la vida profesional de cualquier estudiante de Derecho —aunque pocas veces se hable abiertamente— es el miedo al rechazo o a la crítica. Este temor puede adoptar muchas formas: miedo a que no respondan tu propuesta, a que se burlen de tu falta de experiencia, a que te corrijan en público, a que un cliente cuestione tus conocimientos o incluso a que un compañero te diga que "aún no estás listo".

Este miedo, si no se confronta, puede convertirse en una prisión invisible que impide tomar acción. No haces llamadas por temor a parecer insistente, no publicas contenido legal porque piensas "¿quién soy yo para opinar?", no te atreves a ofrecer tus servicios porque alguien podría pensar que eres un improvisado. Y así, poco a poco, se va apagando tu iniciativa y tu crecimiento.

Pero, ¿de dónde proviene este miedo? En gran parte, de una cultura que castiga el error y magnifica la perfección. Una cultura que ha llevado a muchos estudiantes a creer que deben saberlo todo antes de empezar. Esta idea no solo es irreal, sino también injusta. Todo abogado experimentado ha cometido errores, ha recibido críticas y ha sido rechazado muchas veces. La diferencia está en que no permitieron que eso los definiera.

Aceptar que el rechazo y la crítica forman parte del proceso profesional es un acto de madurez. No se trata de ignorarlas, sino de aprender a leerlas con inteligencia emocional. Una crítica fundamentada puede enseñarte más que un aplauso vacío, y cada "no" que recibas puede acercarte, si lo aprovechas bien, a un "sí" con más valor y preparación.

La clave está en tomar acción a pesar del miedo. Habrá personas que no valoren tu esfuerzo, y otras que sí lo hagan. Lo importante es que tú creas en tu preparación, en tu ética, en tu vocación de servicio, y te atrevas a salir a escena.

Porque, al final, no se trata de evitar el rechazo, sino de convertirte en alguien que sabe enfrentarlo con dignidad, con serenidad y con decisión. El abogado que quiere crecer no se protege del juicio ajeno: aprende de él, mejora y sigue avanzando.

MIEDO A LO DESCONOCIDO

Salir de la zona de confort es fundamental para la superación. Sin embargo, una persona insegura puede sentir un temor intenso ante situaciones nuevas o inciertas, ya que no confía en su capacidad para manejarlas adecuadamente.

Si hay un miedo que visita a todos los estudiantes de Derecho —sin importar cuán capaces sean—, es el miedo a lo desconocido. Ese vértigo silencioso que aparece al pensar en abrir una oficina propia, brindar la primera asesoría, presentarse ante un juez o, simplemente, hacer algo que nunca antes se ha hecho. Es ese momento en el que sabes que debes avanzar, pero algo dentro de ti susurra: ***"¿Y si no puedes? ¿Y si fallas?".***

Este miedo es natural. No se trata de debilidad ni de falta de capacidad, sino de una condición humana: buscamos certezas, y todo lo que se sale del terreno conocido genera ansiedad. Para el estudiante de Derecho, lo desconocido puede ser tan simple como hablar con un cliente por primera vez, o tan grande como intentar emprender por cuenta propia sin una red que lo sostenga.

Pero aquí está la paradoja: todo crecimiento ocurre fuera de la zona de confort. No hay avance sin incertidumbre. No hay éxito sin exposición al riesgo. Ese abogado que hoy admiras —el que tiene su firma, su cartera de clientes, su seguridad al hablar — también enfrentó ese miedo, y probablemente lo sigue enfrentando. La diferencia es que decidió caminar a pesar de no saberlo todo; decidió actuar con lo que tenía y aprender en el camino.

Quedarse esperando a "saber lo suficiente" o a "sentirse listo" para actuar es una de las trampas más comunes. Es una forma de autosabotaje sofisticado. Lo cierto es que nunca te sentirás completamente preparado, porque el Derecho, como la vida, está en constante movimiento. Lo desconocido nunca desaparece: solo cambia de forma. La única manera de vencerlo es enfrentándolo.

Cada paso que das hacia lo desconocido te otorga una nueva habilidad, una nueva perspectiva, una nueva historia para contar. Tu mundo profesional se amplía solo cuando te atreves a explorar más allá de lo que hoy conoces.

Si tú, como estudiante, decides quedarte donde te sientes seguro, tal vez nunca falles... pero tampoco crecerás. La zona de confort no es mala por sí misma, pero fue diseñada para descansar, no para quedarte a vivir allí.

> "**Atreverse a lo desconocido es el primer acto real de liderazgo profesional.**"

Significa confiar en ti, incluso con dudas; significa caminar, aunque no veas todo el camino. Y ese acto de valentía puede marcar la diferencia entre un abogado promedio y uno que inspira, transforma y construye su propio destino.

MIEDO A NO SER SUFICIENTE (SÍNDROME DEL IMPOSTOR)

Una de las formas de miedo más comunes —y menos habladas— entre estudiantes de Derecho es el miedo a no ser suficiente. No lo dicen abiertamente, pero se nota en su inseguridad para levantar la mano en clase, en su decisión de no ofrecer sus servicios, en su negativa a compartir ideas o atreverse a abrir una oficina. Es ese pensamiento silencioso que ronda en la mente y susurra: "¿Y si no soy tan bueno como creo? ¿Y si los demás se dan cuenta de que no sé tanto?".

Este miedo se disfraza de modestia, de prudencia, de "todavía no es mi momento", pero en el fondo, es una duda sobre el propio valor. Y lo más grave es que puede frenar el crecimiento profesional incluso antes de haber comenzado.

La verdad es que **nunca te sentirás totalmente listo, ni completamente "suficiente"**, porque el Derecho es una disciplina inagotable. Siempre habrá alguien que sepa más, que tenga más experiencia o domine mejor una rama jurídica. Pero eso no invalida lo que tú puedes ofrecer ahora mismo.

Tener miedo a no ser suficiente es olvidar que el aprendizaje es progresivo y que se fortalece con la práctica. Cada abogado que hoy tiene renombre comenzó sabiendo poco. La diferencia no fue cuánto sabían, sino que decidieron actuar con lo que sabían... y crecer en el camino.
Este miedo, si no se enfrenta, puede convertirse en una excusa elegante para no intentar. En cambio, si lo reconoces, lo nombras y lo confrontas, se transforma en impulso. Decir: "Tal vez no sé todo, pero lo que sé es útil para alguien" es un acto de valentía.

- **Eres suficiente para comenzar.**

No para dominar todo el Derecho, no para litigar casos complejísimos de inmediato, pero sí para ofrecer un trámite, redactar un contrato, asesorar a alguien en un punto que tú sí conoces. Y eso, poco a poco, te convierte en más que suficiente: te convierte en útil, en confiable, en profesional.
No esperes a que desaparezca el miedo a no ser suficiente. En lugar de eso, camina con él. Utilízalo como recordatorio de que debes seguir preparándote, sí, pero no como una razón para detenerte. Porque cuando actúas a pesar del miedo, es cuando realmente comienzas a crecer.

MIEDO A LA COMPARACIÓN

La inseguridad puede llevar a una constante comparación con los demás, generando la sensación de inferioridad. Esto alimenta el miedo a no estar a la altura, a ser superado o a no ser "tan bueno como otros", lo que desmotiva y frena el desarrollo personal y profesional.
En los pasillos de las facultades de Derecho, en los grupos de WhatsApp o en las redes sociales, se percibe una presión constante: la comparación.

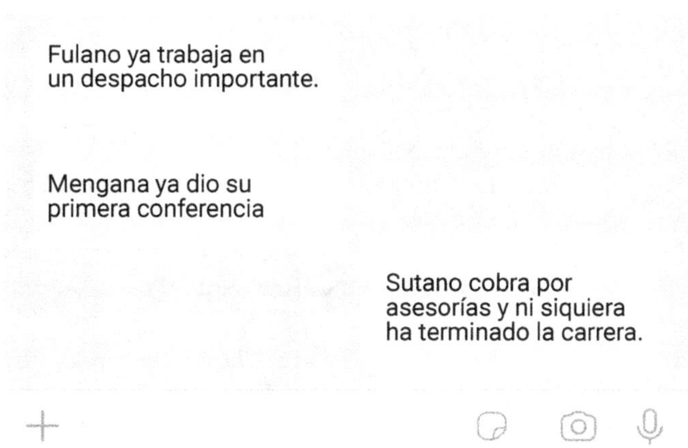

Compararse con los demás se ha vuelto casi automático, y con ello nace un miedo paralizante: "Yo no estoy a su nivel… entonces, ¿qué sentido tiene intentarlo?"
Este miedo no viene solo. Llega acompañado de inseguridad, de una frustración silenciosa y, muchas veces, de la falsa idea de que los logros ajenos evidencian nuestras propias carencias.

Es una de las trampas más peligrosas para los estudiantes de Derecho: sentir que siempre hay alguien más capaz, más inteligente o con más oportunidades.
Pero hay que decirlo con claridad: compararse es injusto contigo mismo.
Tú no tienes el mismo punto de partida, ni las mismas circunstancias, ni el mismo camino que los demás. Además, casi nunca conocemos la historia completa de quienes admiramos o envidiamos. Solo vemos sus resultados, pero no el proceso que los llevó ahí.
La comparación constante genera ansiedad, desenfoca y desmotiva. Te empuja a imitar logros que tal vez ni siquiera están alineados con tus verdaderos intereses o pasiones. Te desconecta de tu camino, porque estás más pendiente de lo que otros están haciendo que de lo que tú quieres construir.

- **El único parámetro válido es tu propio crecimiento.**

Pregúntate:
¿En qué he mejorado desde hace un año?
¿Qué aprendí este mes que no sabía antes?
¿Qué pasos puedo dar hoy, desde donde estoy, para acercarme a mis propios objetivos?
Cuando dejes de mirar hacia los lados y empieces a mirar hacia adelante, descubrirás que tienes tu propio ritmo. Que puedes crecer sin competir. Que no necesitas ser el mejor de todos, sino la mejor versión de ti mismo: como estudiante, como persona y como futuro abogado o abogada.
El miedo a la comparación desaparece cuando aprendes a confiar en tu proceso. Y eso implica aceptar que cada quien tiene su tiempo, su estilo y su momento. Lo importante no es parecerse a alguien más, sino avanzar cada día con convicción y autenticidad.
La inseguridad es un terreno fértil para que florezcan diversos miedos. Y esos miedos, a su vez, refuerzan la inseguridad, creando un ciclo difícil de romper.
Para lograr una superación personal y profesional real, es crucial reconocer esta conexión.
Trabajar en la autoestima, fortalecer la confianza en uno mismo y enfrentar estos miedos, poco a poco, son pasos fundamentales para desplegar todo tu potencial y alcanzar nuevas metas.

“La inseguridad no es una sentencia”

La inseguridad, es un aspecto que puede trabajarse y superarse. Y al hacerlo, disminuye el poder que el miedo tiene sobre tus decisiones y acciones.
¿Qué te impide tener confianza?
La respuesta está en tus sentimientos. Estos incluyen aquellas inhibiciones comunes —miedo, ansiedad, duda, incluso depresión— que están ahí para paralizarte y hacerte sentir inseguro.
Son sentimientos limitantes que actúan como barreras internas, bloqueando tu capacidad y obstaculizando la apertura hacia nuevas posibilidades. Impiden que realices los cambios necesarios para sentirte como realmente deseas sentirte.

Sin importar el área en la que quieras fortalecer tu seguridad —ya sea dirigir una reunión, establecer relaciones sociales, destacar en tu carrera profesional— el proceso comienza con tres pasos fundamentales:

1. Toma conciencia de cómo construyes habitualmente tus pensamientos relacionados con la confianza.
2. Empieza a pensar con mayor seguridad, utilizando la intención positiva para reforzar tu renovada fe en ti mismo.
3. Aplica diversas técnicas para construir un poderoso sentido de automotivación, actúa con seguridad y alcanza lo que verdaderamente deseas.

Este proceso es más sencillo de lo que parece. Se basa en tres premisas esenciales:

- Conócete a ti mismo: presta atención al mundo que te rodea y a los mensajes que recibes —observa el lenguaje verbal y corporal, el tono de voz y los gestos de las personas—.
- Cree en ti: identifica tus limitaciones al establecer tus objetivos, y reconoce que puedes superarlas.
- Construye confianza: la autoconfianza surge como resultado de conocerte y creer en tu potencial.

ROMPIENDO EL "NO PUEDO": EL DIÁLOGO INTERNO QUE SABOTEA EL CRECIMIENTO PROFESIONAL DEL ABOGADO EN FORMACIÓN

Si volverse rico fuera fácil, todos lo harían. Pero las personas tienden a hacerlo más difícil de lo necesario —y, lo más preocupante, sin siquiera darse cuenta—.

Una de las razones por las que muchas personas —empleados y autoempleados, como en nuestro campo los estudiantes y profesionales del Derecho— permanecen atrapadas en empleos mal remunerados o en esquemas agotadores de autoempleo, es porque han interiorizado una barrera mental silenciosa pero poderosa: la frase "no puedo".

Este pensamiento, y sus múltiples variantes —"es demasiado riesgoso", "eso aquí no funciona", "no tengo los recursos", "nadie me enseñó cómo"— actúa como un ancla emocional que frena el avance hacia modelos más libres, rentables y estratégicos de ejercicio profesional.

El verdadero obstáculo no suele ser la falta de talento ni de oportunidades. Es, más bien, la falta de confianza, construida por el entorno social. A diario, muchos jóvenes escuchan mensajes que los invitan a conformarse: familiares que recomiendan "lo seguro", docentes que desestiman el emprendimiento, jefes que prefieren empleados obedientes antes que abogados autónomos. Ese entorno va moldeando un diálogo interno de duda que, poco a poco, sabotea toda iniciativa. La idea que se repite en silencio es: "eso no es para mí".

Pero esa duda no es una verdad. Es una idea aprendida, y toda idea aprendida, puede desaprenderse.

La realidad es que sí puedes. A través del conocimiento, de la prueba y error, de la capacitación constante y del trabajo disciplinado —ese que nunca pasa de moda— puedes lograr tus objetivos.

Pero si ni siquiera consideras que es posible, entonces, como dijo Henry Ford:
"Tanto si crees que puedes, como si crees que no puedes, estás en lo cierto."
Cuando eliminas el "no puedo" de tu vocabulario, sucede algo extraordinario. Comienzas a pensar más allá de tus límites autoimpuestos. Tu mente se abre a nuevas posibilidades.
En lugar de decir "no puedo", surge una nueva pregunta:
"¿Cómo puedo hacerlo?"
Y con ello, se despliega ante ti un mundo de opciones.
El desarrollo profesional, económico y ético de un abogado exige mucho más que conocimientos jurídicos. Requiere atreverse a pensarse como alguien capaz de diseñar su propio camino. Y para dar ese paso, no necesitas una oficina ni un despacho… Lo primero que necesitas es dejar de decir "no puedo" cada vez que una oportunidad se presenta frente a ti.

"Vencerlo para crecer profesionalmente."

Capítulo 3

EL MIEDO COMO FRONTERA

El miedo como elemento invisible en la formación Jurídica

UNA EMOCIÓN BÁSICA

El miedo, que la Real Academia Española define como la «angustia por un riesgo o daño real o imaginario», resulta adecuado y útil cuando nos protege de una amenaza concreta. En tales casos, se manifiesta como una reacción instintiva: un mecanismo de defensa eficaz ante situaciones de peligro real. Sin embargo, también puede ser producto de nuestra imaginación: una proyección mental de amenazas que no han ocurrido.

En el ámbito profesional —y en particular, en el mundo jurídico— este segundo tipo de miedo es el más frecuente. Por ello, es crucial aprender a distinguir entre lo que es una alerta legítima y lo que son simples "películas mentales" que carecen de fundamento.

Según Paul Ekman —psicólogo estadounidense nacido en 1934—, el miedo forma parte de las cuatro emociones básicas, junto con la alegría, la tristeza y la ira. Por tanto, sentir miedo no es señal de debilidad, sino una respuesta humana completamente normal.

Aunque rara vez se diga en voz alta, el miedo es un compañero constante para la mayoría de los estudiantes de Derecho. Está presente, silencioso pero persistente: miedo a equivocarse, a no saber, a no estar a la altura, a fracasar, a hacer el ridículo, a no ser lo suficientemente "bueno" para ejercer. Suele aparecer, además, justo en el momento en que un estudiante decide dar un paso más allá de la rutina académica. Es entonces cuando lo desconocido comienza a pesar.

No obstante, es importante comprender que el miedo no es el enemigo. Por el contrario, puede ser la señal más clara de que estás por cruzar una frontera de crecimiento. El verdadero problema surge cuando ese miedo se transforma en excusa y comienza a dictar decisiones. Es ahí donde nace la parálisis: se postergan proyectos, el perfeccionismo se convierte en una máscara, y se espera eternamente por "el momento adecuado".

¿CÓMO SE MANIFIESTA EL MIEDO EN LOS ESTUDIANTES DE DERECHO?

El miedo adopta múltiples formas, muchas de ellas camufladas. Algunas de las más comunes durante la etapa universitaria son:

- No atreverse a ofrecer asesorías, aunque se domine el tema.
- No postularse a prácticas o simulacros por temor a no estar a la altura.
- No hacer preguntas en clase por vergüenza a parecer ignorante.
- No emprender ningún proyecto jurídico por creer que se debe "saberlo todo" antes de empezar.
- No acercarse a docentes o profesionales por miedo al rechazo.
- No reconocer públicamente que se necesita ayuda.

Estas expresiones de miedo son más frecuentes de lo que parecen. Y si no se enfrentan con conciencia, pueden limitar de forma significativa el desarrollo profesional del futuro abogado.

LA ZONA DE CONFORT: PRISIÓN DORADA DEL POTENCIAL JURÍDICO

La zona de confort es ese espacio donde todo es familiar, predecible y aparentemente seguro. Es allí donde muchos estudiantes pueden permanecer durante años sin experimentar un verdadero avance. Lo que al principio parece tranquilidad, con el tiempo se transforma en estancamiento.

Y es aquí donde el miedo actúa como guardián de esa comodidad: impide que el estudiante explore sus capacidades reales, descubra su voz profesional, se equivoque y aprenda.

Salir de la zona de confort no significa actuar sin rumbo ni lanzarse al vacío, sino **dar pequeños pasos con intención,** que abran nuevas puertas y permitan adquirir experiencia real.

Algunas acciones concretas pueden ser:

- Ofrecer asesorías jurídicas básicas.
- Participar en un equipo de litigación simulada.
- Grabar un video explicando un tema legal de manera sencilla.
- Ayudar a alguien con un trámite cotidiano.
- Escribir un artículo de opinión sobre un tema jurídico actual.

Cada una de estas acciones, aunque pequeña, representa una victoria sobre el miedo. Porque crecer profesionalmente no es cuestión de ausencia de miedo, sino de la valentía de actuar a pesar de él.

IDENTIFICAR EL MIEDO

Para liberarnos de la ansiedad, el primer paso consiste en reconocer su existencia. Aceptar que el miedo está presente es fundamental para comenzar cualquier proceso de cambio.

El segundo paso es identificar su origen: entender de dónde proviene, por qué surge y qué podemos hacer para superarlo.

Este proceso —profundo y muchas veces largo— requiere una voluntad real de transformación. Solo así será posible abordar el problema de forma efectiva y duradera.

Tememos expresarnos frente a un superior, fracasar, enfrentar a alguien, establecer límites, hablar en público... y muchas otras situaciones cotidianas.

Estos miedos, aunque diversos, tienen algo en común: están profundamente ligados a nuestra experiencia individual y pueden convertirse en obstáculos significativos si no los enfrentamos. Son pensamientos teñidos de ansiedad que, en realidad, hablan de nosotros y de nuestras necesidades emocionales. Por ejemplo, detrás del miedo al conflicto suele esconderse una necesidad de seguridad afectiva; detrás del temor a hablar en público, una búsqueda de validación o aceptación.

En el entorno laboral —y particularmente en el ámbito jurídico— podemos identificar tres tipos de miedo predominantes: el miedo al juicio social, el miedo al fracaso y el miedo derivado de la inseguridad personal.

Si queremos superarlos y avanzar con firmeza en nuestro desarrollo profesional, el primer paso es comprenderlos con honestidad y profundidad.

COMPRENDER EL ORIGEN

Existen **patrones de conducta heredados** de nuestros padres, así como hábitos adquiridos a lo largo de los años, las cuales influyen en nuestras reacciones y nos llevan a adoptar comportamientos inconscientes cuando nos encontramos en determinadas situaciones. Esto resulta problemático cuando dichas actitudes son inadecuadas y suponen un obstáculo para nuestra evolución. Una descripción de cada uno de estos impulsores puede ayudarte a reconocer los mecanismos que actúan tanto en ti como en los demás, permitiéndote conocerte mejor y comprender en mayor medida al otro. Aparta los juicios de valor y sé más tolerante contigo mismo y con los demás. Por supuesto, recuerda que todos estos métodos y herramientas se presentan de forma esquemática: cada persona es única y puede guiarse por varios impulsores con tendencias más o menos pronunciadas.

RECUPERAR LA CREATIVIDAD Y LA ESPONTANEIDAD COMO ANTÍDOTOS DEL MIEDO

Curiosamente, muchos estudiantes de Derecho comienzan con gran creatividad e intuición, pero el sistema académico —al ser tan rígido y centrado en la memorización— muchas veces los desconecta de esa capacidad. Nuestra creatividad, nuestras iniciativas y nuestra asertividad se ven reducidas, y llegamos a sentirnos bloqueados, incapaces de ser quienes realmente somos. En teoría, podríamos esquivar el problema manteniéndonos en un espacio seguro, conocido y sin peligros. Sin embargo, esa zona de confort jamás nos permitirá realizarnos plenamente; más bien, nos conduce al estancamiento. Además, no debemos olvidar que la realidad siempre termina por imponerse. Por lo tanto, solo existe una solución: **¡enfrentarse a ella!**

La creatividad es fundamental en el ejercicio del Derecho: redactar, argumentar, resolver, negociar… todo requiere pensamiento flexible. El miedo inhibe esa creatividad, pero puede recuperarse mediante la práctica y la exposición progresiva a retos reales. Un ejercicio útil para ello consiste en volver a crear con espontaneidad: preparar un taller, organizar un pequeño grupo de estudio, grabar un podcast con otros compañeros o, simplemente, responder públicamente una duda legal en redes sociales (siempre con responsabilidad).

EL VALOR DE CRUZAR LA FRONTERA DEL MIEDO

Casi todos los profesionales exitosos pueden relatar una historia clave en su vida: una situación en la que sintieron miedo, pero actuaron. Esa acción fue un parteaguas. No porque el resultado haya sido perfecto, sino porque demostraron que el miedo no era más grande que ellos.

Cada estudiante tiene su propia frontera personal. Para algunos, es hablar en público; para otros, cobrar honorarios; y para muchos más, simplemente presentarse ante un cliente.

Este libro, las conferencias que me he propuesto ofrecer y todas estas herramientas tienen un propósito común: inspirarte a cruzar esa frontera, no como un salto al vacío, sino como un paso consciente y calculado hacia el tipo de profesionista que deseas ser.

CLAVES PRÁCTICAS PARA ENFRENTAR EL MIEDO Y AVANZAR

- Reconócelo: Identifica en qué áreas el miedo está limitando tu crecimiento.
- Desactiva el perfeccionismo: No necesitas saberlo todo para comenzar.
- Toma acciones pequeñas pero concretas: La confianza no crece con la espera, sino con el movimiento.
- Rodéate de quienes te impulsen: Busca compañeros, mentores o referentes que te animen a avanzar.
- Registra tus avances: Lleva una libreta o documento donde anotes cada paso que das, por pequeño que sea.
- Celebra el esfuerzo, no solo el resultado: A veces no se gana, pero siempre se aprende.

El miedo no desaparece por completo. El secreto no está en eliminarlo, sino en aprender a caminar con él al lado, sin que dirija tus decisiones. El miedo puede estar presente, pero el rumbo lo marcas tú.

En el ámbito profesional, la clave para evolucionar con tranquilidad —y tener el control sobre uno mismo y sobre las propias capacidades— es dominar los miedos y no permitir que dirijan la vida. Aunque el miedo es una emoción natural ante situaciones desconocidas, puede volverse profundamente paralizante si no aprendemos a gestionarlo.

Tener miedo, en general, genera estrés y ansiedad. Cuando se basa en una baja autoestima, impide ganar perspectiva o asumir riesgos. En cambio, sumergirse en las oportunidades que surgen, dejando atrás el miedo innecesario, promueve la confianza y el crecimiento.

Parte esencial de superar el miedo consiste en mantener una actitud positiva incluso en medio de situaciones difíciles, apoyarse en personas de confianza y ser consciente de lo que se puede —y lo que no se puede— controlar.

"Si no sabes para dónde vas, nunca vas a llegar a tu destino ideal".
-Brian Tracy

Capítulo 4

EL PODER DE LAS METAS

Trazar el rumbo: el poder de establecer metas desde la etapa estudiantil

> **Tener metas no significa tener todo resuelto, sino saber hacia dónde caminar y por qué**

Una de las mayores diferencias entre quienes construyen una carrera jurídica sólida y quienes deambulan sin rumbo en el ejercicio profesional radica en una sola palabra: claridad. Tener objetivos claros desde la etapa estudiantil no solo define el tipo de profesionista que aspiras a ser, sino que multiplica las posibilidades de lograrlo.

Muchos estudiantes de Derecho transitan por la licenciatura sin una visión definida. Asisten a clases, presentan exámenes, participan en debates o actividades académicas, pero sin una meta que les dé dirección. Esta falta de propósito puede derivar en decisiones improvisadas, elecciones laborales apresuradas y una profunda insatisfacción profesional a mediano plazo.

¿POR QUÉ ES IMPORTANTE ESTABLECER METAS DESDE QUE ESTUDIAS DERECHO?

1.-Te permite priorizar

No toda la información jurídica es igualmente relevante para todos. El Derecho es un campo vasto, con múltiples especialidades; por ello, es esencial definir qué área te interesa y enfocar tus esfuerzos en ella. Si un estudiante sabe que desea dedicarse al litigio penal, sería poco práctico invertir el mismo nivel de energía en dominar temas fiscales. Esto no significa ignorarlos por completo —pues tener conocimientos generales es valioso—, pero sí implica que el enfoque principal debe estar en lo que realmente contribuirá a su desarrollo profesional.

Concentrarse en un área específica no es una limitación, sino una estrategia inteligente. Optimizar recursos mentales y emocionales permite profundizar en los temas relevantes y construir una base sólida de conocimientos. En otras palabras, es mejor especializarse con intención que dispersarse sin rumbo. Este enfoque ayuda a administrar el tiempo y la energía de manera eficiente, maximizando el potencial en la rama jurídica elegida.

2.- Te ayuda a resistir la frustración

La carrera de Derecho no depende únicamente de la inteligencia o la capacidad, sino también de la resiliencia y el compromiso.

A lo largo de los años de estudio, enfrentamos materias complejas, momentos de frustración, presiones económicas y desafíos personales. Lo que marca la diferencia no es solo el talento, sino la determinación para perseverar.

La clave para superar estos obstáculos es tener un propósito claro. Quienes estudian Derecho sin una visión definida pueden sentirse abrumados y perder la motivación ante las dificultades. En cambio, quienes tienen una meta bien establecida —como defender derechos, impartir justicia o generar un cambio en la sociedad— encuentran en ella una fuente de energía que los impulsa a continuar cuando otros se rinden.

Este es un recordatorio para los estudiantes: la carrera no solo exige conocimientos, sino también firmeza. Mantener el enfoque en el propósito personal ayudará a resistir los momentos difíciles y alcanzar las metas profesionales.

3.- Multiplica las oportunidades

Cuando sabes lo que buscas, te vuelves más perceptivo. Una persona con una visión clara de lo que quiere lograr desarrolla una mayor capacidad para identificar oportunidades y tomar decisiones estratégicas.

En el ámbito jurídico, esto significa que un estudiante que tiene definida su área de interés —por ejemplo, Derecho corporativo o penal— sabrá en qué actividades enfocarse, qué profesores y colegas pueden aportar valor a su formación y qué experiencias prácticas son esenciales para su crecimiento. Mientras otros exploran sin rumbo, quien tiene claridad actúa con intención, aprovechando al máximo cada oportunidad. El mensaje es claro y contundente: el conocimiento de uno mismo y de sus metas transforma la forma de interactuar con el mundo. La atención se vuelve más precisa, las decisiones se toman con propósito y las conexiones que se construyen tienen un mayor impacto.

Es un llamado a la acción para los estudiantes de Derecho: definir lo que buscan les permitirá avanzar con mayor seguridad, enfoque y sentido en su camino profesional.

4.- Facilita la toma de decisiones

Elegir prácticas, cursos, diplomados, e incluso un empleo, será mucho más sencillo cuando puedes responder con honestidad:

¿Esto me acerca a mi meta o me aleja de ella?

¿CÓMO TRAZAR METAS ÚTILES COMO ESTUDIANTE DE DERECHO?

No se trata de tener un "plan maestro infalible", sino de construir un mapa flexible, personal y motivador.

Aquí algunos pasos para comenzar:

Visualiza tu "yo" futuro

Hazte preguntas clave:

- ¿Quién quiero llegar a ser como profesional del Derecho?
- ¿Cuáles son mis áreas de interés jurídico?
- ¿Cómo quiero que se vea mi día a día profesional?
- ¿Deseo litigar, asesorar, enseñar, escribir, o combinar varias actividades?

- **Define metas por etapas: corto, mediano y largo plazo**

Corto plazo:

- Participar en una clínica jurídica
- Aprender a redactar demandas básicas
- Ofrecer asesoría gratuita en temas familiares

Mediano plazo:

- Publicar artículos
- Colaborar con un abogado independiente
- Aprender sobre gestión de clientes y cobros

Largo plazo:

- Abrir mi propio despacho
- Especializarme
- Crear una firma jurídica

- **Evalúa tus avances cada cierto tiempo**

Tus metas pueden —y deben— adaptarse con el tiempo. Lo importante es seguir caminando con intención, ajustando el rumbo si es necesario, pero sin perder la dirección.

- **Rodéate de personas que te inspiren**

Busca mentores. Observa modelos reales. Pregunta cómo llegaron ahí.

Aprender del camino de otros puede darte atajos, evitar errores y, sobre todo, confirmarte que sí es posible.

EL BENEFICIO INVISIBLE: EL CRECIMIENTO INTERNO

Establecer metas no solo impacta tus decisiones profesionales: también te transforma desde adentro. Desarrollas autodisciplina, enfoque, resiliencia, capacidad de organización y, lo más importante, un sentido de propósito.

Cuando tienes claridad en tus objetivos:

- Es más difícil que pierdas el tiempo

ACCIONES CONCRETAS PARA COMENZAR HOY.

Escribe 3 tres acciones específicas que puedas poner en práctica esta semana o este mes para avanzar en tu camino profesional:

1. Hoy puedo:____
2. Esta semana puedo:____________________________________
3. Este mes me propongo:_________________________________

TABLA PRÁCTICA DE METAS POR ETAPAS PARA ESTUDIANTES DE DERECHO

Etapa	Metas sugeridas	Beneficios esperados
Primeros semestres (1° al 3°)	• Familiarizarme con el lenguaje jurídico básico. • Leer sentencias y resoluciones reales. • Visitar tribunales para observar audiencias públicas. • Participar en talleres o clubes de debate jurídico.	• Desarrollas comprensión del entorno jurídico real. • Te adaptas mejor al ritmo y exigencia de la carrera.
Semestres intermedios (4° al 6°)	• Comenzar prácticas (aunque no sean remuneradas). • Redactar documentos jurídicos básicos (contratos, demandas, escritos). • Estudiar áreas que me interesen (civil, penal, administrativo, etc.). • Asistir a conferencias, congresos o seminarios.	• Comienzas a adquirir experiencia concreta. • Te posicionas mejor para oportunidades futuras.
Semestres finales (7° al 9°)	• Brindar asesorías gratuitas o a bajo costo bajo supervisión. • Apoyar en casos reales con abogados particulares. • Aprender sobre honorarios, trato con el cliente y gestión de despacho. • Iniciar presencia profesional en redes.	• Te conviertes en un estudiante activo y resolutivo. • Construyes reputación profesional desde joven.
Último semestre o egreso	• Tener una idea clara del área en la que deseas ejercer. • Establecer un plan para abrir tu propio despacho o iniciar como abogado independiente. • Preparar una carpeta de servicios legales. • - Crear una red de colegas para apoyo mutuo.	• -Llegas al título con visión, experiencia y herramientas reales. • Evitas la parálisis del "¿y ahora qué?".

Recomendaciones para usar esta tabla

- **Adáptala a tu contexto:** no todos tienen las mismas condiciones económicas o familiares. Lo importante es avanzar con lo que tienes.
- **Revísala cada semestre:** tus intereses o metas pueden cambiar. Evalúa qué mantienes, qué ajustas y qué descartas.
- **Comparte tu ruta con un mentor o docente de confianza:** puede ayudarte a ver oportunidades que tú aún no ves.
- **Documenta tu camino:** lleva un registro de tus avances, aprendizajes y experiencias clave. Esto te servirá tanto para tu currículum como para tu futuro profesional.

Me gustaría cerrar este tema con la siguiente frase del filósofo, escritor y político romano Séneca, la cual dice así:

> **“No hay viento favorable para el que no sabe a dónde va.”**

"El mejor modo de predecir el futuro es creándolo."
— Peter Drucker

Capítulo 5

LA MENTALIDAD EMPRENDEDORA

La mentalidad emprendedora en Derecho es atreverse a innovar en un sistema que espera obediencia.

En el ámbito profesional, las personas suelen adoptar distintos enfoques respecto a su desarrollo laboral. Algunas buscan estabilidad como empleadas, valorando un entorno predecible y beneficios a largo plazo; otras desean ascender dentro de la empresa, enfocándose en el desarrollo de habilidades y el reconocimiento dentro de una estructura corporativa. También están quienes tienen la visión de crear negocios propios o emprender, asumiendo los riesgos que ello implica. Entender estas mentalidades es clave para que cada profesionista tome decisiones alineadas con sus objetivos y aspiraciones.

Para los estudiantes de Derecho, esta reflexión resulta especialmente relevante. Desde los primeros semestres deben considerar qué camino les resulta más atractivo: ¿prefieren trabajar en una firma legal establecida y ascender hasta convertirse en socios, o abrir su propio despacho? Comprender estas mentalidades les permitirá tomar decisiones informadas y congruentes con sus objetivos, optimizando así su desarrollo profesional.

LA MENTALIDAD DEL EMPLEADO: Seguridad y estabilidad

Muchas personas conciben su trabajo como una fuente de estabilidad financiera y personal. Su prioridad es cumplir con sus responsabilidades, mantener su empleo y evitar riesgos. Este enfoque, aunque válido, puede limitar el crecimiento si no se complementa con una mentalidad de mejora continua. Sin embargo, la seguridad que brinda esta perspectiva permite construir una trayectoria laboral sin grandes sobresaltos, ideal para quienes valoran la constancia y el equilibrio.

LA MENTALIDAD DE CRECIMIENTO: Ascender y desarrollarse

Otros profesionistas buscan no solo conservar su empleo, sino también progresar dentro de la organización. Se enfocan en desarrollar competencias, asumir nuevas responsabilidades y destacarse para obtener ascensos. Esta mentalidad requiere iniciativa, liderazgo y capacidad de adaptación, pues implica enfrentar retos y aprovechar oportunidades.

Quienes la adoptan suelen invertir en capacitación constante y en la construcción de relaciones estratégicas dentro del entorno profesional. Es una opción excelente para quienes desean estabilidad, pero también crecimiento y reconocimiento.

LA MENTALIDAD EMPRENDEROA: Crear e innovar

Por otro lado, están quienes desean trascender el modelo tradicional y construir su propio proyecto. Ven oportunidades donde otros ven riesgos y están dispuestos a enfrentar desafíos para crear algo propio. Esta mentalidad exige creatividad, resiliencia y una visión clara del mercado. Aunque el camino del emprendimiento es incierto, puede llevar a una independencia profesional y financiera que otros enfoques no permiten. Para quienes eligen este rumbo, es fundamental desarrollar habilidades de gestión, liderazgo y estrategia.

ELEGIR EL ENFOQUE ADECUADO

Cada mentalidad conlleva ventajas y desafíos, y ninguna es superior a otra; todo depende de las metas personales de cada individuo. Lo importante es reconocer cuál se alinea mejor con sus valores y aspiraciones.

Aquellos que buscan seguridad pueden optar por la estabilidad laboral, aunque esta elección suele estar mal comprendida. En la actualidad, no podemos afirmar que un empleo garantice seguridad absoluta. Para muchas personas, conseguir un trabajo representa alcanzar estabilidad. La idea de un salario fijo, beneficios y una rutina predecible ofrece una sensación de control sobre el futuro. No obstante, esta percepción puede ser engañosa. En un mundo laboral en constante transformación, considerar el empleo como sinónimo de estabilidad puede generar una falsa sensación de seguridad y, en consecuencia, limitar el crecimiento profesional.

Las industrias evolucionan, las empresas se reestructuran y las crisis económicas pueden modificar drásticamente el panorama laboral. Un puesto que hoy parece seguro puede desaparecer mañana debido a avances tecnológicos, recortes presupuestarios o cambios en la demanda del mercado. A lo largo de la historia, muchas profesiones que alguna vez fueron indispensables han quedado obsoletas por efecto de la automatización y los nuevos modelos de negocio.

Confiar únicamente en un empleo como fuente de ingresos puede ser riesgoso. Si bien el trabajo asalariado brinda una estabilidad temporal, depender de una sola fuente financiera deja a las personas vulnerables ante imprevistos como despidos, reducciones salariales o crisis económicas. La verdadera estabilidad proviene de la capacidad de adaptarse, diversificar ingresos y mantener una mentalidad enfocada en el crecimiento.

- **Quienes buscan desafíos pueden enfocarse en el crecimiento dentro de su empresa.**

Pensar que el empleo garantiza por sí solo el desarrollo profesional puede llevar a la complacencia. La verdadera estabilidad no radica en conservar un puesto, sino en mejorar habilidades, ampliar conocimientos y desarrollar nuevas competencias que permitan evolucionar, ya sea dentro o fuera de una organización. La formación continua, el networking y la capacidad de innovar son claves para mantenerse vigente en un entorno laboral competitivo.

Quienes desean independencia pueden explorar el camino del emprendimiento y las:
ALTERNATIVAS A LA ESTABILIDAD LABORAL TRADICIONAL
Para evitar caer en la trampa de la falsa estabilidad, es esencial adoptar una mentalidad de crecimiento. Algunas estrategias incluyen:

- Emprendimiento: Explorar oportunidades de negocio propias que permitan tener control sobre los ingresos y la dirección profesional.
- Diversificación de ingresos: Invertir, desarrollar proyectos paralelos o adquirir habilidades que generen nuevas fuentes de trabajo.
- Adaptabilidad: Mantenerse actualizado sobre las tendencias del mercado y adquirir conocimientos que faciliten la movilidad laboral.

Lo esencial es no permanecer en la comodidad por inercia, sino tomar decisiones conscientes que conduzcan al crecimiento y a la realización profesional. Reflexionar sobre estas mentalidades permitirá a cada persona definir su futuro con mayor claridad y propósito.

LA MENTALIDAD EMPRENDEDORA EN EL DERECHO: EL VALOR DE COMENZAR, INCLUSO SIN TENERLO TODO CLARO

Uno de los grandes vacíos en la formación jurídica es que rara vez se enseña a pensar como emprendedor. Desde las aulas se nos prepara para conocer la ley, dominar los códigos y memorizar jurisprudencia, pero pocas veces se fomenta la reflexión sobre cómo ejercer la profesión de forma independiente. La idea de tener un despacho propio suele parecer un sueño lejano, reservado para quienes **"ya lo saben todo"**, pero es solo un mito.

Emprender como estudiante o recién egresado en el ámbito jurídico no es privilegio de unos cuantos, sino una posibilidad real para quien decide comenzar con lo que sabe, actuando con responsabilidad. Ser útil, colaborar y reconocer los propios límites vale más que aparentar un dominio inexistente. El camino profesional no se abre esperando la perfección: se construye con honestidad, sentido práctico y compromiso con el aprendizaje.

Como estudiantes de Derecho, a menudo caemos en la trampa de pensar que debemos ser expertos en todas las ramas jurídicas antes de ofrecer nuestros servicios. Nada más lejos de la verdad. La experiencia se construye paso a paso, caso a caso, cliente a cliente. Cualquier abogado que hoy tenga un despacho consolidado puede dar testimonio de que no comenzó sabiendo todo lo que ahora domina; lo que lo distinguió fue la decisión de empezar.

La práctica profesional no exige saberlo todo, exige iniciativa. La clave está en comprender que puedes iniciar tu camino ofreciendo un servicio legal sencillo, pero verdaderamente útil. Por ejemplo, si dominas el trámite de un divorcio por mutuo acuerdo, puedes comenzar ofreciendo únicamente ese servicio. Conocer a fondo los requisitos, el procedimiento ante el juzgado de lo familiar —cómo sucede en Guanajuato, conforme al Código Civil y al Código de Procedimientos Civiles del Estado, hasta que entre en vigor el nuevo Código Nacional de Procedimientos Civiles y Familiares—, y contar con la capacidad de asesorar al cliente con ética y claridad, es más que suficiente para abrirte camino en la profesión.

Este enfoque escalonado no solo es realista, sino también estratégico. Cada servicio que brindes te permitirá adquirir experiencia, generar confianza, construir una red de contactos y obtener referencias que serán clave para el crecimiento de tu despacho. Poco a poco, notarás cómo los asuntos que llegan a tus manos se diversifican, y tú ampliarás tus capacidades. El despacho que hoy parece una idea pequeña o limitada, con constancia, preparación y ética profesional, puede transformarse en una firma con un alcance mucho mayor al que alguna vez imaginaste.

Emprender en el mundo jurídico no significa esperar a convertirse en un "abogado todólogo"; significa aprender a ser útil, resolver problemas reales, saber cuándo trabajar en equipo y tener la humildad de reconocer cuándo necesitas la asesoría o el apoyo de colegas.

Un mito igualmente peligroso para el estudiante de Derecho que desea iniciar su camino profesional de forma independiente es la idea de que primero debe saberlo todo. Esta creencia, además de ser irreal, paraliza. Postergar el inicio de la práctica profesional esperando ser un "abogado todólogo" —capaz de litigar, redactar, negociar, mediar, conocer todas las áreas y dominar cada proceso— no solo es innecesario, sino también contraproducente.

> **Emprender en el mundo jurídico no significa saber de todo. Significa comenzar con lo que sabes hacer bien, y aprender a hacerlo con excelencia, humildad y compromiso.**

Estudiar Derecho te da herramientas valiosas, pero construir tu propio negocio te da libertad. Emprender no es solo una elección profesional, sino una declaración de independencia: significa dejar de esperar oportunidades y empezar a crearlas.

Por supuesto, el camino del emprendedor está lleno de incertidumbre, retos y decisiones difíciles. Pero también está colmado de posibilidades, crecimiento y satisfacción personal. No es el camino más fácil, pero sí el más gratificante.

Si sientes el deseo de construir algo propio, confía en esa intuición. Define tu propósito, identifica una necesidad en el mercado y usa tu conocimiento jurídico para estructurar una empresa sólida. Rodéate de personas que compartan tu visión, aprende de quienes ya han recorrido este camino y nunca dejes de mejorar.

El emprendimiento no es para quienes buscan comodidad, sino para quienes buscan impacto. Atrévete a dar el primer paso, porque cada gran despacho, cada empresa influyente y cada líder que admiras comenzó en el mismo lugar donde tú estás hoy: con una idea y la determinación de hacerla realidad.

> **"Haz que tu futuro dependa de tu visión, no de las decisiones de otros."**

LA DESORIENTACIÓN PROFESIONAL: UN OBSTÁCULO SILENCIOSO PARA EL FUTURO ABOGADO

Una de las realidades más persistentes —y menos abordadas con seriedad— dentro de la formación jurídica universitaria es la ausencia de orientación profesional efectiva.

Esta carencia, aunque muchas veces invisible en el aula, termina teniendo consecuencias muy concretas y dolorosas para los estudiantes una vez que egresan: decisiones mal encaminadas, incertidumbre sobre el rumbo profesional, frustración frente al mercado laboral y, en muchos casos, el abandono de la profesión jurídica.
Basta con observar lo que ocurre en la práctica: un número considerable de egresados de la licenciatura en Derecho se enfrenta a un entorno profesional para el cual no se siente preparado. Se topan con procedimientos que nunca vieron en la carrera, con exigencias que rebasan lo académico y con la necesidad de generar ingresos inmediatos sin tener experiencia, contactos o claridad sobre cómo ejercer. Esta desorientación no es solo un problema individual; es estructural, y se refleja en un fenómeno tan alarmante como común: el desvío profesional.
Sin temor a equivocarme, podría afirmar que al menos un 60 % de los egresados de Derecho terminan desempeñándose en áreas ajenas a su formación jurídica, ya sea en empleos administrativos, ventas, atención al cliente o incluso en actividades totalmente distintas al campo legal. Este dato, que surge de la observación directa y de los testimonios de colegas y estudiantes, no es solo una cifra: es el reflejo de lo que ocurre cuando no se forma al jurista con un enfoque práctico, estratégico y realista desde los primeros semestres.
¿Por qué sucede esto? En gran medida, por la falta de práctica durante la etapa estudiantil. A menudo se pospone el contacto con la realidad profesional bajo la falsa creencia de que "eso se aprende después" o que "ya habrá tiempo cuando termine la carrera". Nada más equivocado. El Derecho es una disciplina eminentemente práctica, social y dinámica. No se puede aprender únicamente en el aula.
La distancia entre la teoría y la práctica se convierte en un abismo cuando el estudiante no se involucra desde temprano en ejercicios reales: simulaciones, litigios estratégicos, redacción de documentos jurídicos, atención de casos bajo supervisión, observación de audiencias, entre otros. Al salir de la universidad sin ese bagaje, el recién egresado se encuentra en clara desventaja frente a la competencia. El título, aunque necesario, no garantiza competencia profesional, y mucho menos empleabilidad.
Pero este escenario puede —y debe— cambiar si se redefine el rol del estudiante de Derecho: no como un receptor pasivo de conocimientos, sino como un futuro abogado en construcción, con la responsabilidad de formarse activamente, buscar espacios de práctica, generar proyectos propios y pensar desde temprano en su inserción profesional.
Este libro tiene como una de sus misiones principales precisamente eso: brindar orientación práctica, realista y estratégica a quienes están estudiando Derecho y desean evitar el vacío que se genera al finalizar la carrera sin saber "por dónde empezar". No se trata solo de aprender Derecho, sino de aprender a ejercerlo. Y ese ejercicio comienza, sin duda, desde la formación académica, con experiencias que conecten lo que se estudia con lo que se vive en la calle, en los tribunales, con los clientes y con la sociedad.
El abogado no es un orador de discursos jurídicos; es un solucionador de problemas reales.

La utilidad del profesional del Derecho no se mide por su vocabulario técnico ni por el número de libros en su biblioteca, sino por su capacidad de:

- Escuchar con atención el problema del cliente.
- Traducirlo en términos jurídicos claros.
- Evaluar si está dentro de su alcance resolverlo.
- Plantear una ruta concreta de solución.

Comenzar con servicios accesibles y de impacto inmediato es perfectamente válido y estratégico. La experiencia se construye paso a paso, no con una "gran oportunidad", sino con pequeñas acciones bien ejecutadas.

Algunas ideas prácticas y alcanzables:

- Identifica un área sencilla pero útil. Ejemplos: actas de extravío, constancias de hechos, solicitudes administrativas, redacción de contratos básicos, divorcios por mutuo acuerdo, asesorías simples en arrendamiento o pensión alimenticia.
- Ofrece asesoría gratuita o de bajo costo en tu comunidad. No se trata de regalar tu trabajo, sino de ganar experiencia real y generar una red de recomendaciones. Puedes organizar jornadas en tu colonia, iglesia, con conocidos, etc.
- Únete a colectivos, clínicas jurídicas o voluntariados. Muchas instituciones permiten que estudiantes participen en atención legal supervisada, lo que brinda experiencia y exposición sin necesidad de un empleo formal.
- Utiliza tus redes sociales para comunicar lo que sabes hacer. Evita el lenguaje técnico y enfócate en explicar cómo puedes ayudar, cómo trabajas y por qué se puede confiar en ti. Construye una presencia respetuosa y profesional.
- Estudia casos reales con abogados de confianza. Acércate a litigantes cercanos, familiares o maestros, y ofrece apoyo en investigación o redacción a cambio de observar de cerca el proceso.
- Reflexiona constantemente sobre tu avance. No se trata de parecer abogado, sino de ir siéndolo, paso a paso, con coherencia entre lo que sabes y lo que haces.

DEL DERECHO A LA ESTRATEGIA: APRENDER A PENSAR COMO EMPRESARIO JURÍDICO

La formación tradicional del abogado se ha centrado en saber Derecho, no en hacer negocio con el Derecho. Sin embargo, en un entorno laboral cambiante, con despachos saturados, salarios bajos y una sobreoferta de egresados, el verdadero reto para muchos profesionistas jurídicos es convertir sus conocimientos en proyectos sostenibles y rentables.

Este capítulo propone una reflexión profunda y práctica sobre cómo los estudiantes y recién egresados pueden desarrollar habilidades empresariales para diversificar ingresos, ampliar su campo de acción y no depender únicamente de terceros para su crecimiento profesional.

¿POR QUÉ AL ABOGADO LE CUESTA VERSE COMO EMPRESARIO?

Los abogados suelen formarse con una visión técnica y normativa, pero el emprendimiento requiere otra lógica:

- Visualizar oportunidades.
- Comprender el mercado.
- Asumir riesgos.
- Diseñar servicios útiles para personas que no entienden de Derecho.

Muchos profesionistas jurídicos sienten incluso rechazo por la palabra negocio, como si fuera opuesta a la ética. **Esto es falso.**

El negocio jurídico no significa engañar ni abusar: significa ofrecer soluciones legales útiles, accesibles y sostenibles.

Pensar como empresario implica pasar de:

- "Sé redactar contratos" → "Puedo vender un servicio de contratos accesibles para negocios locales".
- "Puedo litigar juicios sucesorios" → "Puedo crear un servicio empaquetado para testamentos y asesoría preventiva".

La clave está en entender al cliente, no solo al caso. Y eso se aprende.

HABILIDADES EMPRESARIALES BÁSICAS QUE TODO ABOGADO DEBE DOMINAR

a) Diseño de servicios jurídicos

- ¿Qué problema resuelves?
- ¿A quién le sirve tu solución
- ¿Cómo puedes empaquetar ese servicio?
- b) Modelos de ingresos
- Honorarios por consulta.
- Paquetes por etapas (ej. divorcio por convenio).
- Membresías legales para negocios o familias.
- Talleres o capacitaciones jurídicas.
- c) Administración básica
- Control de ingresos y egresos.
- Cálculo de costos (tiempo, insumos, seguimiento).
- Determinar tarifas dignas.
- d) Marketing jurídico ético
- Crear contenido educativo en redes.
- Posicionarse como referente en un tema.
- Generar confianza antes que vender agresivamente.
- e) Tecnología legal accesible
- Uso de plantillas y automatización básica de documentos.
- Herramientas de organización y seguimiento de clientes (CRM).
- Formularios en línea y cobros digitales.
- Aprender a emprender: desarrollar la mentalidad empresarial
- El aprendizaje empresarial puede iniciarse desde la práctica jurídica diaria, con estrategias como:
- Microemprendimientos jurídicos: ofrecer servicios de redacción de contratos para microempresarios locales a bajo costo, como estudiante supervisado.

- Simulación de servicios: crear en clase o como proyecto propio una propuesta de servicio jurídico que incluya público meta, nombre, beneficios, proceso y costo estimado.
- Laboratorios jurídicos estudiantiles: organizarse por áreas (civil, familiar, laboral) y simular un despacho que atienda casos reales supervisados.
- Alianzas estratégicas: colaborar con contadores, diseñadores o administradores para generar servicios interdisciplinarios, como asesoría integral para pequeños negocios.

DIVERSIFICACIÓN DE INGRESOS: MÁS ALLÁ DEL LITIGIO

Un abogado del siglo XXI no debe depender únicamente de juicios. Algunas alternativas legales (éticas y rentables) son:

- Consultoría jurídica preventiva.
- Cursos y talleres para empresas, comunidades o escuelas.
- Diseño de documentos legales automatizados (legal tech).
- Servicios editoriales jurídicos (resúmenes, formatos, traducción jurídica).

Membresías legales con asesoría mensual por suscripción.

- ¿Y si aún soy estudiante?
- Este es el mejor momento para empezar. No tienes grandes riesgos financieros ni compromisos formales. Puedes:
- Crear contenido en redes sociales sobre temas jurídicos útiles.
- Ofrecer asesorías supervisadas en colonias, escuelas o colectivos.
- Diseñar proyectos comunitarios legales como parte de tu servicio social.
- Aprender de errores sin la presión de mantener una nómina o pagar una oficina.
- Tener vocación jurídica no está peleado con generar ingresos. Ser abogado no debe implicar vivir al límite o depender siempre de otros. Pensar como empresario es una forma de honrar tu esfuerzo académico, tu servicio a la sociedad y tu propio bienestar.

Aprende a combinar tus valores jurídicos con las herramientas empresariales, porque el futuro del Derecho no será solo de quienes conozcan más leyes, sino de quienes sepan ponerlas al servicio de las personas con claridad, estrategia y sustentabilidad.

"La ley proporciona la base para la confianza en el mercado, permitiendo que los negocios prosperen."
— Hendrith Vanlon Smith Jr.

Capítulo 6

Modelos de Negocio

El derecho te da las herramientas para defender la justicia; el emprendimiento, para transformarla en oportunidades que cambien vidas

Pensar en modelos de negocio jurídico básicos es clave para que los estudiantes de Derecho comiencen a visualizar cómo convertir su conocimiento en servicios concretos, incluso antes de titularse. Algunos modelos iniciales, realistas, escalables y adaptables al contexto local —que no requieren una gran inversión para iniciar— pueden ser, a manera de ejemplo:

1.- DESPACHO ESPECIALIZADO EN TRÁMITES LEGALES SENCILLOS

Ejemplos de servicios:

- Divorcio por mutuo acuerdo
- Juicios de alimentos (cuando no hay controversia)
- Reconocimiento de concubinato
- Rectificación de actas en el Registro Civil
- Carta poder, contratos simples

Modelo de negocio:

Ofreces servicios altamente específicos con precios accesibles. Este enfoque te permite posicionarte como una persona eficiente y confiable en ese tipo de asuntos.

Ventaja: Aprendes a litigar, a tratar con clientes y a desenvolverte en juzgados sin necesidad de saberlo todo.

Herramienta extra: Tener formatos prediseñados para optimizar el tiempo y proyectar profesionalismo.

2.- CONSULTORÍA LEGAL PARA EMPRENDEDORES O PEQUEÑOS NEGOCIOS

Servicios comunes:

- Constitución de sociedades (por ejemplo, S.A.S.)
- Redacción de contratos de arrendamiento, prestación de servicios o compraventa
- Asesoría básica en cumplimiento fiscal y legal

Modelo de negocio:

Te conviertes en el "abogado de confianza" de pequeñas empresas que no tienen recursos para contratar a un despacho grande.

Estrategia: Alianzas con contadores, notarías y diseñadores (para el branding legal).
Tip: En Guanajuato puedes usar la plataforma de la Secretaría de Economía para constituir empresas en línea sin notario (SAS).

3.- SERVICIO JURÍDICO EN LÍNEA (LEGALTECH BÁSICA).

¿Qué puedes ofrecer?

- Revisión y redacción de contratos vía correo o WhatsApp
- Citas virtuales para asesorías
- Generación de documentos legales automatizados con formularios simples

Modelo de negocio:

Usas redes sociales y plataformas digitales para captar clientes. Puedes usar herramientas como Google Forms o Typeform para "recabar datos" de tus clientes y generar documentos.
Plus: Crear contenido jurídico en redes sociales para ganar autoridad y atraer clientes.
Ejemplo: "Cinco cosas que debes revisar en tu contrato de renta" (y ofrecer tu servicio).

4.- ASESORÍA A ESTUDIANTES Y PÚBLICO GENERAL (MODELO EDUCATIVO).

Servicios posibles:

- Talleres de derechos laborales básicos
- Charlas sobre cómo actuar ante una detención.
- Orientación jurídica gratuita con opción a contratar un servicio.

Modelo de negocio: Monetizas a través de talleres, materiales descargables, e-books y sesiones individuales. También puede ser vía redes o en instituciones educativas.
Oportunidad: Muy útil en comunidades donde hay poco acceso a la educación jurídica.
Visión social: Puedes mezclar el emprendimiento con el servicio comunitario.

5.- FIRMA BOUTIQUE DE NICHO (ESPECIALIZACIÓN TEMPRANA).

¿En qué especializarte desde el inicio?

- Derecho familiar
- Derecho inmobiliario
- Derecho digital (protección de datos, contratos para creadores de contenido)
- Defensa de deudores (cobranza abusiva, buró de crédito)

Modelo de negocio:

Empiezas como "freelancer legal" en un tema específico. Te haces visible como referente en un área.
Clave: Aunque aún estés aprendiendo, si eliges una especialidad que te apasione, te vas consolidando y diferenciando más rápido.
En Guanajuato: hay mucha demanda en temas como conflictos familiares, herencias intestadas, arrendamiento urbano.

¿Qué deberías tener en cualquier modelo?
Nombre comercial básico o marca personal.

Presencia en redes (Facebook, Instagram, TikTok si te animas)
Tarifa clara, formatos legales propios, hoja de encargo o contrato de prestación de servicios
Guía interna de cómo atender clientes (profesionalismo desde el primer contacto)
Ética profesional siempre! Incluso si estás en prácticas o apenas comenzando.

"He leído infinidad de libros, artículos y estudios de investigación sobre el éxito y he llegado a la conclusión de que la cualidad base para triunfar en cada camino de la vida es la confianza que cada persona tiene en sí misma."
— Brian Tracy

Capítulo 7

EL ÉXITO NO LLEGA POR CASUALIDAD

¡La Clave del éxito profesional está en tus manos!

Está en ti, y solamente en ti, que tu vida llegue a mejorar de muchas maneras. Todo soñador que ha logrado algo fuera de lo común ha tenido mayor confianza en sí mismo que la mayoría de las personas con resultados promedio. Cuando creas tanto en ti que sepas que tienes la capacidad de alcanzar casi cualquier cosa que realmente desees, tu futuro será ilimitado.

Hablemos de lo que es el éxito. Sin temor a equivocarme, lo que para algunas personas significa éxito, para otras no lo será. Cada individuo, como ser humano, tiene su propio punto de vista o percepción al respecto, por lo que solo puedo compartir el mío: para mí, el éxito es obtener lo que se desea.

En este sentido, si deseo algo que en este momento no tengo y, posteriormente, lo obtengo, consideraré que ha sido un éxito para mí.

Quiero aclarar algo que podría prestarse a confusión: el éxito, entendido como obtener lo que se desea, no debe confundirse con la felicidad. Son cuestiones diferentes; para ser feliz basta con aceptar lo que se tiene.

De la misma manera que se aprende física o biología, se puede aprender a tener éxito en la vida. Para lograr lo que se desea, primero hay que quererlo de verdad, y además de fuerza de voluntad, se necesita una estrategia. Si intentamos jugar en una cancha de fútbol con las reglas del baloncesto, nunca lo lograremos, por más voluntad que tengamos.

Aprendemos de dos formas: haciendo las cosas o aprovechando la experiencia de otras personas. Si quisieras construir tu futuro solo a partir de tu propia experiencia, te tomaría muchísimo tiempo.

CARACTERÍSTICAS A CONSIDERAR PARA EL ÉXITO

En mi opinión, existen seis características que debes incorporar a tu vida si buscas el éxito. A continuación, la primera:

Primera (Autoestima). La autoestima, entendida como la valoración positiva que tienes de ti mismo, es un concepto clave, pues influye en la manera en que te percibes, tomas decisiones y enfrentas los desafíos de la vida.

Tu autoestima debe ser alta, lo que se traduce en confianza y seguridad en tus propias habilidades. Esto te acercará al éxito, mientras que una autoestima baja genera inseguridad y dificultades para afrontar situaciones cotidianas.
Cuando un estudiante de Derecho empieza a creer verdaderamente en sí mismo, algo poderoso sucede: sus metas se elevan, sus decisiones se vuelven firmes y su visión del futuro deja de ser un deseo tímido para convertirse en una construcción consciente. La autoconfianza no es solo una actitud: es el punto de partida de una vida jurídica con propósito.
Con más confianza en tus capacidades, no te limitarías a buscar el típico empleo que "caiga", ni aceptarías condiciones que no respeten tu dignidad profesional. Te atreverías a pensar en grande: establecer tu propio despacho, especializarte en un área estratégica, obtener la retribución que sabes que mereces y tener la vida que deseas, sin pedir permiso a nadie.
Tendrías claro que no hay nada de malo en aspirar a una vida de calidad, proveer bienestar a tu familia, alcanzar independencia económica y disfrutar los frutos de tu esfuerzo. No se trata de presumir, sino de vivir en coherencia con tus convicciones y tu visión profesional. Serías capaz de marcar tu propio camino, actuar según tus valores y dejar de vivir conforme a lo que otros creen que "debes hacer".
Con una mayor confianza en ti mismo serías distinto en cada aspecto de tu vida personal y laboral: más osado, creativo y recursivo; más dispuesto a experimentar con ideas nuevas y formas diferentes de hacer las cosas. Considerarías alternativas inusuales y arriesgadas, y te comprometerías por completo con proyectos que hoy siguen olvidados en el fondo de tu mente.
Debes agradarte a ti mismo; si no lo haces, el mundo difícilmente se sentirá agradado por ti. Tu desempeño nunca será mayor que tu autoimagen.
En los primeros ocho años de vida escuchamos, al menos, cien mil veces la palabra "no". Esto dejó un gran impacto en nuestra mente. Además, por cada cumplido que recibimos, se nos hicieron nueve regaños. Este patrón formó en nosotros mecanismos de compensación y, con ello, dos personalidades: una que mostramos a los demás y otra que reservamos solo para nosotros.
Para mejorar la autoestima, primero debemos entender cómo la ha codificado nuestro cerebro. Este tiene dos hemisferios: el izquierdo, lógico y digital, que "ve los árboles pero no el bosque"; y el derecho, analógico e ilógico, que "ve el bosque pero no los árboles". El hemisferio derecho es la vía de acceso a la mente subconsciente, donde está codificada nuestra autoimagen.
Para mejorarla, debemos aprender a trabajar con ambos lados del cerebro. Pongámoslo así: para que un pajarito vuele necesita dos alas; aunque una sea muy fuerte, no podrá volar solo con una. Debemos aprender qué estimula este hemisferio derecho y así cambiar nuestro "termostato" mental.
Por ejemplo: si en un cuarto con aire acondicionado instalamos un termostato a 21 °C, la temperatura se mantendrá en ese valor.
Si la temperatura aumenta, el aire se enciende; si desciende, se apaga. El cerebro humano opera del mismo modo: posee un termostato para el dinero, otro para la salud y otro para las relaciones. La clave está en aprender a elevarlos.

Lo primero es relajarse: con los músculos contraídos no podemos activar el lado derecho del cerebro. La relajación es fundamental. Albert Einstein decía que la imaginación es más importante que el conocimiento. Cuando imaginas algo, lo creas primero en tu mente; todo se crea dos veces: primero en el pensamiento, luego en el mundo físico. Si observamos cómo surgieron grandes inventos, veremos que ocurrieron en momentos de relajación.

De hecho, varios inventos surgieron en momentos de relajación o cuando sus creadores no estaban buscando activamente una solución. Algunos ejemplos:

- La teoría de la gravedad. Isaac Newton tuvo su famosa revelación mientras descansaba bajo un manzano.
- La penicilina. Alexander Fleming descubrió el primer antibiótico por accidente, al dejar un cultivo de bacterias sin supervisión y notar que el moho había eliminado las bacterias.
- El microondas. Percy Spencer, ingeniero, observó que una barra de chocolate en su bolsillo se había derretido mientras trabajaba cerca de un magnetrón; esto lo llevó al desarrollo del horno de microondas.
- La estructura del ADN. James Watson y Francis Crick lograron visualizar la doble hélice del ADN después de un descanso y una conversación informal en un pub.
- El Post-it. Spencer Silver, científico de 3M, experimentaba con adhesivos cuando descubrió un pegamento que no era demasiado fuerte. Años después, su colega Art Fry, mientras cantaba en el coro de su iglesia, pensó en usarlo para marcar páginas de su himnario sin dañarlas. Así nació el famoso Post-it.
- La insulina. Frederick Banting y Charles Best descubrieron la insulina en 1921, pero el momento clave ocurrió cuando Banting tuvo una idea repentina en medio de la noche. Se despertó, anotó su teoría sobre cómo aislar la hormona, y así se desarrolló el tratamiento para la diabetes.

Estos casos muestran que la relajación y el descanso pueden ser clave para la creatividad y la innovación. A veces, el cerebro necesita desconectarse para poder conectar ideas de forma inesperada.

La relajación juega un papel central en la creatividad porque permite que el cerebro funcione de manera más flexible y abierta a nuevas ideas. Esto sucede por varias razones:

- Reducción del estrés. El estrés bloquea el pensamiento creativo al activar el modo de supervivencia del cerebro. La relajación disminuye el cortisol y permite que la mente explore soluciones sin presión.
- Mayor conexión entre ideas. En un estado relajado, el cerebro es más receptivo y facilita la unión de conceptos aparentemente no relacionados, algo esencial para la creatividad.
- Acceso al pensamiento divergente. La relajación estimula la capacidad de generar múltiples soluciones a un problema, base de la innovación.
- Inspiración espontánea. Muchas ideas surgen cuando la mente está en reposo —durante una caminata, en la ducha o antes de dormir— porque el cerebro sigue procesando información en segundo plano.

> **Para obtener buenas ideas, debemos aprender a relajarnos.**

- **Segunda (Visualizar).**

Debemos aprender a visualizar. Si lo hacemos correctamente, el cerebro no distingue entre lo que realmente sucede y lo que solo imaginamos. Podemos visualizar aquello que deseamos en la vida y, mientras más detalles y colores le añadamos, más fácil será que se manifieste.

La visualización creativa es una técnica respaldada por la neurociencia, que demuestra cómo el cerebro activa las mismas redes neuronales al imaginar una experiencia que al vivirla realmente.

Diversas investigaciones han demostrado que la visualización puede influir en el rendimiento físico y mental. Por ejemplo, un estudio de la Universidad de Harvard halló que personas que visualizaron ejercicios físicos lograron aumentar su fuerza muscular sin realizar actividad física. Esto ocurre porque el cerebro utiliza el sistema de neuronas espejo y la corteza prefrontal para simular escenarios antes de experimentarlos.

Además, la visualización puede ayudar a reconfigurar el cerebro, fortaleciendo áreas como la corteza prefrontal —responsable de la planificación y la toma de decisiones — y reduciendo la actividad de la amígdala, lo que disminuye el miedo y la ansiedad.

Si se practica de manera constante y con emociones intensas, la visualización puede convertirse en una herramienta poderosa para alcanzar objetivos y mejorar el bienestar.

Un ejemplo inspirador es el del actor Jim Carrey, de nacionalidad canadiense-estadounidense, quien en una ocasión comentó:

"Una vez escribí un cheque de 10 millones de dólares y lo guardé en mi billetera como si fuera real."

En ese momento no tenía dinero ni para pagar el arriendo. Dormía en una furgoneta con mi familia y, algunos días, la única cena posible era sopa enlatada. Pero ese pedazo de papel era mi forma de decirme a mí mismo: "Esto es lo que valgo, aunque el mundo aún no lo vea."

Los rechazos fueron muchos. Me decían que era demasiado raro, demasiado expresivo, demasiado loco. Pero yo sabía que mi locura era mi ventaja. Cada vez que alguien me cerraba una puerta, yo hablaba con el cheque y le decía: "Aguántame tantito, que pronto vas a tener valor de verdad."

Cinco años después, me pagaron exactamente 10 millones de dólares por actuar en Dumb and Dumber. Lo primero que hice fue buscar ese cheque viejo que aún guardaba en mi billetera. Lloré, no por el dinero, sino porque me había hecho una promesa… y la cumplí.

No subestimes el poder de creer en algo que todavía no existe. A veces, el mundo solo necesita que tú lo veas primero.

Hay que visualizar a colores. Las personas deprimidas suelen pensar en blanco y negro; quienes están emocionados por la vida piensan en color. Y, lamentablemente, en la escuela no nos enseñan a visualizar.

Hagamos de ello una costumbre. Practiquemos hasta volvernos buenos en ello.

- **¿Cómo visualizar?**

Un ejercicio sencillo puede ser el siguiente: toma una manzana en tu mano izquierda y una naranja en tu mano derecha. Colócalas a la altura de los ojos, obsérvalas con atención, cierra los ojos e intenta visualizarlas con todo detalle. Si no lo logras, vuelve a abrir los ojos, míralas de nuevo y repite el proceso hasta que puedas recrear cada detalle en tu mente.

En una visualización bien hecha, el cerebro no distingue entre lo que realmente sucedió y lo que solo imaginamos. Comienza a visualizar lo que deseas en la vida y, mientras más detalles y más color le agregues, más fácil será que todo eso se manifieste.

- **Tercera (Sonreír).**

Cuando sonreímos, el cerebro segrega una hormona llamada beta-endorfina, que actúa como un antiestrés natural. Sonreír, incluso cuando no es completamente genuino, puede estimular la liberación de estas endorfinas, reduciendo el estrés y mejorando el estado de ánimo. Haz del hábito de sonreír una constante y tu vida, muy probablemente, será mejor.

La sonrisa es un truco biológico: el cerebro la interpreta como una señal de bienestar, lo que a su vez influye en cómo realmente nos sentimos.

Claro que sonreír no resuelve todos los problemas, pero sí trae beneficios emocionales y sociales. Una sonrisa inesperada incluso puede cambiar el día de otra persona. Sonreír es un reflejo natural del optimismo, una manifestación visible de una actitud positiva ante la vida. Cuando lo hacemos, no solo transmitimos alegría a los demás, sino que reforzamos nuestro propio bienestar emocional, creando un círculo virtuoso de pensamientos positivos.

Diversos estudios han demostrado que sonreír, incluso en momentos difíciles, ayuda a mejorar el estado de ánimo y a afrontar los desafíos con una perspectiva más esperanzadora. En esencia, la sonrisa es el lenguaje silencioso de la confianza en un futuro mejor.

Los beneficios de sonreír, y su relación con el optimismo, han sido documentados por Martin Seligman, profesor de la Universidad de Pennsylvania, quien sostiene que las personas pesimistas sufren más infecciones y enfermedades crónicas, y que su sistema inmunológico no responde tan bien como el de quienes son optimistas.

Un estudio de la Universidad de Harvard encontró que las personas que, a los 25 años, ya exhibían una actitud pesimista, padecieron en promedio un mayor número de enfermedades graves entre los 40 y 50 años.

Otro estudio del hospital King's College de Londres, realizado con 57 mujeres que habían sufrido cáncer de seno y se habían sometido a una mastectomía, mostró que siete de cada diez de las que mantenían lo que los médicos llamaban un "espíritu de lucha" vivían vidas normales diez años después; en cambio, cuatro de cada cinco que habían perdido la esperanza murieron poco tiempo después de recibir el diagnóstico.

Así que, como ves, sonreír y mantener una actitud optimista no solo tiene beneficios emocionales, también puede traducirse en éxito y en una mejor calidad de vida.

- **Cuarta (Comunicación).**

Si tienes información en tu mente pero no puedes comunicarla, ¿de qué sirve? La comunicación es esencial tanto para el éxito personal como para el profesional.

Es uno de los elementos más poderosos —y a menudo subestimados— en la formación y práctica de un abogado. No basta con conocer la ley: hay que saber explicarla, argumentarla, defenderla y hacerla comprensible para quienes no la dominan.

Un abogado que no comunica con claridad, empatía y estrategia está en desventaja, sin importar cuántos títulos posea.

¿Por qué es tan crucial la comunicación?

- Para conectar con el cliente. El cliente no necesita tecnicismos, necesita confianza. Saber traducir el lenguaje jurídico al lenguaje humano es una habilidad clave para generar credibilidad.
- Para negociar y persuadir. Ya sea en audiencias, negociaciones, escritos o comparecencias, gran parte del éxito radica no solo en lo que se dice, sino en cómo se expone un argumento.
- Para proyectar liderazgo profesional. La forma en que te expresas —verbal y no verbalmente— construye tu reputación. Hablar con seguridad, escuchar con atención, escribir con claridad y expresarte con respeto te distingue en un mundo saturado de voces.

Comunicación no es solo hablar.

Implica también:

- Escuchar activamente.
- Leer entre líneas.
- Escribir de forma comprensible.
- Adaptar el discurso según el público.
- Ser empático y claro, sin perder rigor técnico.

Comunicar bien es ganar terreno. Es mostrar competencia, respeto, preparación y humanidad. La buena comunicación no solo facilita el éxito profesional: es parte de la ética del abogado, pues garantiza que el cliente entienda y ejerza sus derechos.

Haz de tu comunicación una herramienta, no un obstáculo.

En la vida se nos juzga por cuatro cosas:

1. Lo que hacemos.
2. Cómo nos vemos.
3. Lo que decimos.
4. Cómo decimos lo que decimos.

"Se nos juzga por lo que hacemos": El abogado y la coherencia profesional.

En el mundo jurídico, donde la palabra es herramienta y el juicio constante es parte del entorno, esta frase adquiere un significado profundo: como abogados, no solo se nos escucha por lo que decimos, sino que se nos evalúa por lo que hacemos.
Un abogado puede tener un título, hablar con elegancia y colgar reconocimientos en su oficina… pero si su actuar no es congruente con la ética, la responsabilidad o el compromiso profesional, pronto perderá credibilidad.

¿Cómo se aplica esto al abogado?

- Lo que haces define tu reputación.

En el gremio jurídico, tu nombre es tu marca. Clientes, colegas y jueces recordarán más tus actos que tus palabras. ¿Cumples lo que prometes? ¿Eres puntual? ¿Actúas con ética incluso cuando nadie te ve?

- Las acciones reafirman (o destruyen) la confianza del cliente.

Un cliente puede no entender leyes, pero sí percibe si lo tratas con respeto, le das seguimiento y no lo abandonas. La acción es el lenguaje más claro.

- La coherencia fortalece tu identidad profesional.

Si, desde estudiante, actúas con profesionalismo, respeto, honestidad y compromiso, estarás sembrando una reputación que te acompañará siempre. Las oportunidades no llegan solo por lo que sabes, sino por lo que otros han visto que haces.

- Ser abogado no es una etiqueta, es una forma de vivir el derecho.

Lo que haces también construye tu identidad ante ti mismo. Cuando haces lo correcto aunque sea difícil, enfrentas un caso con valentía o decides no mentir en un proceso, defines no solo lo que eres, sino el tipo de abogado que eliges ser.

¿TUS ACCIONES HOY REFLEJAN EL TIPO DE ABOGADO QUE ASPIRAS A SER MAÑANA?

Este libro no busca solo motivarte a emprender como jurista, sino ayudarte a construir una carrera coherente y sólida, paso a paso. Porque, al final, como bien dicen: ***"No se nos juzga por lo que decimos que somos, sino por lo que hacemos cuando nadie nos obliga."***
"Se nos juzga por cómo nos vemos": La imagen profesional del abogado.
En la práctica jurídica, la imagen no es una cuestión superficial: es una herramienta de comunicación, de posicionamiento y de confianza. Vivimos en una sociedad que, aunque aspire a valorar el contenido sobre la forma, sigue emitiendo juicios inmediatos basados en la apariencia. Y el mundo jurídico no es la excepción.

¿Qué significa esto para los futuros abogados?

- **La primera impresión pesa… y mucho.**

Un cliente, juez, colega o maestro puede formarse una opinión de ti antes de escuchar una sola palabra, simplemente observando cómo te presentas. ¿Tu apariencia transmite profesionalismo, orden y respeto?
Esto no implica vestir de traje todos los días, pero sí cuidar detalles clave: higiene personal, ropa adecuada al contexto, postura corporal y lenguaje no verbal.

- **La imagen también comunica seguridad y dominio.**

Cuando te presentas con seguridad y pulcritud, transmites algo más profundo: que te tomas en serio tu trabajo y a ti mismo. Esto genera confianza en quienes te rodean, algo esencial en una profesión basada en la credibilidad.

- **La imagen incluye actitud.**

Verse bien no es solo una cuestión de estética; también implica actitud, cortesía y buen trato. La forma en que saludas, tu tono de voz, tu lenguaje corporal, e incluso la manera en que tomas apuntes o entras a un juzgado, forman parte de cómo "te ves" profesionalmente.

- **No es imitación, es construcción de identidad.**

No se trata de disfrazarse de abogado, sino de comenzar desde ahora a construir una imagen auténtica que represente tu compromiso con el Derecho y con tus valores. Esa imagen no solo te representa a ti, sino también a tu futura profesión.

¿Tu imagen actual está alineada con el tipo de abogado que quieres ser?

La invitación es clara: invierte en ti, cuida tu presencia, pero, sobre todo, sé coherente entre tu imagen y tus acciones. Si se te va a juzgar por cómo te ves, asegúrate de que esa visión sea fiel a lo que representas.

"Se nos juzga por lo que decimos": La palabra como herramienta del abogado

El abogado, antes que nada, es un profesional de la palabra. Lo que dice, cómo lo dice y cuándo lo dice, puede abrir o cerrar puertas, ganar o perder casos, inspirar o generar rechazo. En el ejercicio jurídico, las palabras no son solo medios de expresión: son instrumentos de poder.

¿Por qué es fundamental cuidar lo que decimos?

Porque la palabra genera percepción profesional, desde una asesoría hasta una intervención en sala, lo que dices proyecta tu preparación, seguridad, ética e inteligencia emocional. Frases confusas, lenguaje vulgar, interrupciones o comentarios fuera de lugar deterioran la percepción de tu profesionalismo.

Porque hablar bien no es lo mismo que hablar mucho.

El buen abogado no es el que más habla, sino el que sabe cuándo hablar, cómo argumentar y cuándo guardar silencio. Muchos errores jurídicos provienen no del desconocimiento de la ley, sino del uso inadecuado del lenguaje.

Porque tu palabra construye confianza… o la destruye.

En la asesoría legal, lo que le dices al cliente es tan importante como lo que haces por él. Tu capacidad para explicar, tranquilizar, orientar y argumentar influye directamente en tu reputación.

Porque la palabra es también compromiso.

Cada vez que afirmas algo como abogado, te comprometes. Y si no cumples lo que dices, incluso sin mala intención, tu credibilidad disminuye.

La prudencia al hablar es una virtud profesional esencial. ***"Se nos juzga por cómo decimos lo que decimos"***: El tono, el fondo y la forma del abogado. No basta con decir la verdad o tener la razón. En el mundo jurídico, y especialmente en el ejercicio profesional, la forma en que comunicas tus ideas es tan importante como el contenido mismo. Este cómo puede marcar la diferencia entre generar respeto o rechazo, entre inspirar confianza o crear distancia.

¿Cómo se traduce esto en el contexto del abogado?

1.-El tono construye o destruye autoridad.

Un abogado puede decir algo legalmente correcto, pero si lo hace con soberbia, desdén o condescendencia, pierde legitimidad. En cambio, un tono firme pero respetuoso, seguro pero empático, genera liderazgo natural.

2.-La cortesía no está reñida con la firmeza.

Muchos estudiantes creen que ser abogado implica imponerse verbalmente. En realidad, la verdadera autoridad jurídica se expresa con claridad, sin levantar la voz ni humillar a nadie.

3.- Lo que dices en momentos críticos revela tu temple profesional.

Una audiencia complicada, una llamada difícil con un cliente o una objeción en juicio son escenarios en los que lo que dices —y, sobre todo, cómo lo dices— forma parte de tu reputación. Ahí se nota tu madurez profesional.

4.- La forma transmite tu ética.

Hablar con respeto, incluso frente a quien se equivoca o te ataca, comunica mucho más que conocimientos técnicos: transmite valores, dignidad profesional y autocontrol. La manera en que dices las cosas define tu estilo como abogado. No se trata de actuar, sino de construir conscientemente una forma de comunicar que te represente con claridad, profesionalismo y humanidad.

Quinta (Actitud).

Tener una buena actitud como estudiante de Derecho influye profundamente en el futuro profesional, de múltiples maneras. No se trata de un simple optimismo, sino de una disposición activa hacia el aprendizaje, la superación y la construcción del carácter profesional desde la etapa formativa. La actitud lo es todo: el impacto silencioso en el destino profesional del abogado.

La carrera de Derecho no solo forma juristas, sino también personas que deben enfrentar problemas humanos, conflictos sociales y decisiones éticamente complejas. En este contexto, la actitud con la que vivas tus años de formación puede ser determinante para el tipo de abogado en que te convertirás.

¿Qué implica tener una buena actitud como estudiante?

- Disposición a aprender más allá de la calificación.
- Una actitud proactiva te impulsa a buscar conocimiento por interés genuino, no solo para aprobar. Los estudiantes con buena actitud hacen preguntas, buscan comprender el "para qué" de cada tema y se involucran en actividades extracurriculares que fortalecen su perfil.

- Tolerancia a la frustración y resiliencia.
- El Derecho no es fácil. Muchos conceptos requieren tiempo y paciencia. Una buena actitud te permite persistir ante la dificultad, aceptar correcciones, aprender de los errores y no rendirte ante los primeros fracasos.
- Capacidad para trabajar con otros y generar buenas relaciones.
- En el mundo jurídico, las redes de colaboración son clave. Una actitud positiva facilita alianzas, proyectos conjuntos, referencias de clientes y oportunidades profesionales. Nadie quiere trabajar con un estudiante o futuro abogado conflictivo, apático o arrogante.
- Humildad para reconocer que siempre se puede aprender más.
- El estudiante con buena actitud no se considera superior a sus compañeros, pero tampoco se sabotea. Sabe que la humildad es una fortaleza y está abierto a aprender de todos, incluso de quienes piensan diferente.

¿Cómo impacta esta actitud en tu futuro profesional?

- Te hace destacar, aunque no tengas las mejores calificaciones, porque el entusiasmo y compromiso son evidentes.
- Te prepara para adaptarte al cambio, algo esencial en un mundo jurídico en constante transformación.
- Te convierte en un abogado confiable, porque clientes, colegas y jueces perciben tu integridad y entrega.
- Multiplica tus oportunidades: mentores, docentes y profesionales desean apoyar a quienes demuestran ganas y disposición.

Tener una buena actitud como estudiante no garantiza el éxito inmediato, pero sin duda abre caminos, genera confianza y constituye la base sobre la cual se edifica el futuro profesional. Es la diferencia entre vivir la carrera como una obligación o como una misión.

Sexta (Ambición).

Ambición con propósito: el combustible del crecimiento jurídico

En el ámbito del Derecho, la palabra ambición suele estar malinterpretada. Algunos la asocian con egoísmo o codicia, pero para el estudiante de Derecho que aspira a ser un profesional íntegro, la ambición es mucho más que eso: es el deseo profundo de crecer, superarse, impactar y ser útil a través del conocimiento jurídico.

¿Por qué es importante la ambición?

Sin ambición, se corre el riesgo de quedar atrapado en la inercia: pasar por la universidad como un trámite, memorizar sin propósito y esperar que otros ofrezcan las oportunidades. La ambición positiva, cuando está bien canalizada, despierta un sentido claro de dirección. Te hace visualizar escenarios mejores, te impulsa a exigirte más y te motiva a construir tu propio camino, incluso cuando parezca incierto.

El estudiante ambicioso:

- Se atreve a hacer preguntas que otros no hacen.

- Busca mentores, proyectos, clientes y conocimientos por voluntad propia.No espera a tener "todo resuelto" para comenzar a avanzar.

Aspira no solo a ser un abogado más, sino a dejar una huella significativa.

Ambición con valores
La ambición no debe nublar la ética ni atropellar a otros. Por el contrario, el verdadero crecimiento nace de sumar, construir y servir. La ambición con valores es una brújula que te guía hacia metas elevadas sin que pierdas tu humanidad.

ESTRATEGIAS QUE PERMITEN EL ÉXITO PROFESIONAL

Alcanzar el éxito como estudiante de Derecho independiente no es cuestión de suerte. Requiere la combinación acertada de factores y estrategias bien aplicadas:
Sólida formación académica: Una base teórica robusta es indispensable. La independencia no sustituye la excelencia académica, sino que la complementa.
Identificación de un nicho viable: En lugar de abarcar demasiado, conviene enfocarse en áreas específicas con demanda, donde el estudiante pueda ofrecer un valor diferencial, como el apoyo a ONGs o asesoría a pequeños comerciantes sobre normativas particulares.
Desarrollo de habilidades blandas (soft skills): La comunicación efectiva, la empatía, la resiliencia, la proactividad y la capacidad de negociación son tan importantes como el conocimiento técnico.
Mentoría y asesoramiento: Buscar la guía de abogados experimentados, profesores o emprendedores que brinden consejo, supervisión ética y orientación estratégica.
Uso inteligente de la tecnología: Aprovechar herramientas digitales para gestionar proyectos, hacer marketing, comunicarse con clientes (respetando siempre la confidencialidad) y automatizar tareas. Las plataformas de freelancing pueden ser un buen punto de partida.
Construcción de una marca personal sólida: Crear una reputación basada en la responsabilidad, la calidad del trabajo (dentro de sus posibilidades como estudiante) y la ética, incluyendo una presencia online profesional.
Cumplimiento ético riguroso: Entender y respetar los límites propios como estudiante, ser transparente respecto a su condición y evitar cualquier actividad que constituya ejercicio indebido de la profesión. Derivar casos complejos a abogados titulados es fundamental.
Gestión eficaz del tiempo y equilibrio: Combinar los estudios con el trabajo independiente exige organización y disciplina para no descuidar ninguna de las dos áreas.
Enfoque en la calidad y satisfacción del cliente o usuario: Aunque los servicios sean pequeños, ofrecer un trabajo bien hecho y atender las necesidades del cliente genera recomendaciones y construye una buena reputación.
Aprendizaje continuo y adaptabilidad: El mundo legal y las necesidades de los clientes cambian. Estar dispuesto a aprender nuevas habilidades, adaptarse a nuevas tecnologías y explorar áreas distintas es fundamental para la sostenibilidad a largo plazo.

- Colaboración estratégica: Considerar alianzas con otros estudiantes o profesionales de áreas complementarias para ofrecer servicios más integrales o abordar proyectos de mayor envergadura.
- Este último punto es crucial para el estudiante de Derecho que busca independencia laboral, pues reconoce que el conocimiento individual, especialmente en etapas tempranas, tiene límites y que la sinergia potencia significativamente el alcance y la calidad de los servicios ofrecidos.

Colaboración estratégica: unir fuerzas para alcanzar objetivos comunes
La colaboración estratégica implica combinar esfuerzos de manera inteligente y planificada con otras personas o grupos para lograr metas que serían difíciles o imposibles de alcanzar individualmente. Para un estudiante de Derecho, esta colaboración puede adoptar diversas formas y brindar múltiples ventajas.

TIPOS DE COLABORADORES Y SINERGIAS POTENCIALES

Otros estudiantes de Derecho:

- Conocimientos complementarios: Un estudiante puede especializarse en derecho civil, mientras otro domina derecho mercantil o penal, tanto en teoría como en investigación. Juntos, pueden abordar consultas o proyectos complejos que requieran un enfoque multidisciplinario dentro del Derecho.
- Reparto de la carga de trabajo: En proyectos grandes —como la elaboración de un manual legal básico para una comunidad, una investigación exhaustiva para un caso simulado o un proyecto de LegalTech— dividir tareas permite manejar mayores volúmenes y cumplir con los plazos establecidos.
- Habilidades diversas: Uno puede destacar en investigación y redacción, mientras otro se distingue por su capacidad comunicativa o para presentar ideas.
- Ampliación de redes: Cada estudiante aporta su propia red de contactos incipiente, que al combinarse se multiplica, abriendo nuevas puertas.

Estudiantes o profesionales de otras disciplinas:

- Informática e ingeniería: Para proyectos de LegalTech —como desarrollo de aplicaciones sencillas, automatización de documentos o creación de plataformas web— el estudiante de Derecho aporta el conocimiento legal y el especialista en informática la habilidad técnica.
- Comunicación, marketing y diseño: Para construir una marca personal sólida, desarrollar materiales de promoción (siempre dentro de los límites éticos), gestionar redes sociales con contenido legal relevante o diseñar presentaciones impactantes.
- Administración y finanzas: Para gestionar un pequeño emprendimiento legal, planificar proyectos financieramente o asesorar startups, donde lo legal y el negocio están íntimamente ligados.
- Psicología o trabajo social: En áreas como la mediación comunitaria, con la formación adecuada, la comprensión de dinámicas sociales resulta fundamental.

Por ejemplo, en el desarrollo de materiales informativos sobre violencia de género, la perspectiva del trabajo social es invaluable.

- Traducción: Para ofrecer servicios de revisión o elaboración de documentos básicos en otros idiomas, o para investigar fuentes legales extranjeras.

Abogados egresados o despachos pequeños:

- Mentoría y supervisión: El estudiante puede colaborar apoyando en investigación, redacción de borradores o gestión documental, a cambio de mentoría, experiencia práctica supervisada y, eventualmente, remuneración o futuras contrataciones. Este es un modelo de independencia "tutelada".
- Derivación de casos: Si un estudiante recibe una consulta que excede su capacidad o permiso legal, puede derivarla a un abogado consolidado, pudiendo acordar —si es ético y permitido en su jurisdicción— algún tipo de compensación por la referencia o, más importante aún, aprender del manejo del caso.

BENEFICIOS AMPLIADOS DE LA COLABORACIÓN ESTRATÉGICA

- Oferta de servicios más integrales y de mayor valor: La combinación de habilidades y conocimientos permite abordar problemas desde diversas perspectivas y ofrecer soluciones más completas a los clientes o usuarios. Por ejemplo, un estudiante de Derecho y otro de marketing podrían ayudar a un emprendedor a registrar su marca (aspecto legal) y a desarrollar una estrategia inicial de comunicación (aspecto de marketing).
- Acceso a nuevos mercados y oportunidades: Un colaborador puede tener acceso a redes o nichos de mercado que un estudiante de Derecho, por sí solo, no alcanzaría.
- Reducción de costos y riesgos compartidos: Al iniciar proyectos que requieren inversión —como herramientas de software o sitios web profesionales—, los costos y riesgos se distribuyen entre los colaboradores.
- Fomento de la innovación: La interacción entre diferentes enfoques y conocimientos suele generar ideas creativas y soluciones innovadoras a los problemas.
- Aprendizaje acelerado: Se aprende no solo del propio trabajo, sino también de las habilidades, conocimientos y métodos de los colaboradores. Es una educación práctica y entre pares.
- Desarrollo de habilidades de trabajo en equipo y liderazgo: La colaboración efectiva demanda comunicación, negociación, gestión de conflictos y, a veces, asumir roles de liderazgo o coordinación; todas habilidades esenciales para el futuro profesional.

CLAVES PARA UNA COLABORACIÓN EXITOSA

- Objetivos claros y compartidos: Todos los involucrados deben comprender y estar de acuerdo con el propósito de la colaboración y los resultados esperados.
- Roles y responsabilidades definidos: Es fundamental especificar quién hará qué, cuáles son las expectativas para cada miembro y cómo se tomarán las decisiones.
- Comunicación abierta y constante: Establecer canales fluidos de comunicación y mantener a todos informados sobre avances y obstáculos.
- Confianza y respeto mutuo: La base de toda colaboración exitosa es la confianza en las capacidades y el compromiso de los demás, así como el respeto hacia sus ideas y aportaciones.
- Acuerdos formales (cuando sea necesario): Para colaboraciones complejas o de largo plazo, especialmente si involucran ingresos o propiedad intelectual, resulta prudente formalizar acuerdos escritos —aunque sencillos— que definan los términos de la cooperación.
- Flexibilidad y adaptabilidad: No todos los planes salen como se espera; estar dispuesto a ajustar roles, estrategias y expectativas es clave.
- Resolución constructiva de conflictos: Los desacuerdos son normales; lo importante es contar con mecanismos o actitudes para resolverlos sin que afecten la colaboración.
- Alineación ética: Fundamental en el ámbito legal; es indispensable que todos los colaboradores comprendan y respeten los límites éticos de la profesión y el estatus de estudiante.

EJEMPLOS PRÁCTICOS DE COLABORACIÓN ESTRATÉGICA PARA UN ESTUDIANTE DE DERECHO INDEPENDIENTE

- Webinar conjunto: Un estudiante de Derecho y otro de Finanzas ofrecen un webinar gratuito sobre "Aspectos legales y financieros para emprendedores novatos".
- Guía práctica: Varios estudiantes interesados en derechos humanos colaboran para crear una guía sencilla y accesible sobre cómo interponer una queja ante la comisión local de derechos humanos, distribuyéndola en centros comunitarios.
- Desarrollo de una app de estudio: Un estudiante de Derecho con una idea para una aplicación que facilite el estudio para exámenes se asocia con un estudiante de ingeniería de software para desarrollarla.
- Servicio de soporte a ONGs: Un grupo de estudiantes se organiza para ofrecer horas de investigación y preparación de documentos básicos a pequeñas ONGs que no pueden costear servicios legales completos.
- Blog multitemático legal: Estudiantes con distintas especializaciones colaboran en un blog donde cada uno escribe sobre su área de interés, ofreciendo a los lectores una visión amplia del Derecho.

En definitiva, la colaboración estratégica ayuda al estudiante de Derecho independiente a superar sus límites, enriquecer su aprendizaje y fortalecer su base profesional. Es un cambio de mentalidad: pasar de "yo solo" a "juntos somos más y mejores".

"La universidad enseña el derecho, pero no enseña a ejercerlo.."
— Hans Kelsen, uno de los juristas más influyentes del siglo XX.

Capítulo 8

LA UNIVERSIDAD NO BASTA

La ilusión del título como garantía profesional

Durante generaciones, se ha instalado en la mente de miles de estudiantes de Derecho la idea de que obtener el título profesional es el punto final; el símbolo definitivo de éxito y, por tanto, la llave que abrirá automáticamente las puertas del mundo jurídico. Esta creencia, reforzada por familiares, docentes e incluso por la cultura institucional, ha generado una falsa expectativa: que una vez con el título en mano, el camino profesional se abrirá por sí solo. Pero la realidad —a veces cruda y frustrante— es otra.

El título no es garantía de trabajo, ni de éxito, ni de ingresos, ni siquiera de saber ejercer el Derecho de forma efectiva. Es, en el mejor de los casos, un punto de partida que habilita formalmente, pero que no suple la falta de experiencia, la ausencia de habilidades prácticas ni la capacidad de generar valor como profesional.

LO QUE LA UNIVERSIDAD NO ENSEÑA SOBRE EL EJERCICIO LEGAL

Estudiar Derecho es un reto intelectual apasionante, pero muchos estudiantes descubren que la formación universitaria, aunque fundamental, no siempre prepara completamente para las exigencias del ejercicio profesional. La brecha entre el aula y el mundo jurídico es real y puede marcar la diferencia entre un abogado competente y uno que lucha por adaptarse. Reflexionar sobre estas diferencias es esencial para que los futuros juristas tomen el control de su desarrollo profesional desde temprano.

LA FORMACIÓN UNIVERSITARIA: ¿QUÉ FALLA?

La educación jurídica tradicional se enfoca en el análisis doctrinal y la memorización de normas, pero suele dejar de lado competencias esenciales como la negociación, la resolución de conflictos, el pensamiento crítico, las estrategias de litigación, la gestión de clientes o la administración de una oficina legal. En las aulas, los estudiantes dominan los fundamentos teóricos y estudian casos emblemáticos, pero la realidad demanda habilidades prácticas que pocas veces se enseñan: la redacción efectiva de escritos legales, la argumentación persuasiva en un juzgado y el manejo de la presión en situaciones críticas.

Otro gran vacío es la falta de formación en habilidades interpersonales y de gestión. Ser un abogado exitoso no solo implica conocer el Derecho, sino también saber comunicarse, construir redes profesionales y entender el negocio de la abogacía.
Estas competencias suelen aprenderse de manera informal, a través de la experiencia, pero podrían potenciarse desde la universidad si los estudiantes adoptaran un enfoque proactivo.

EL DESENCANTO POSTUNIVERSITARIO

Muchos egresados experimentan una especie de "desencanto profesional" poco tiempo después de concluir sus estudios. Descubren que, a pesar de tener su título y cédula, nadie los busca ni los contrata, y tampoco saben exactamente cómo ejercer por cuenta propia. Es en ese momento cuando se dan cuenta de que no basta con haber asistido a clases, aprobado materias o incluso haberse titulado con honores. Lo que falta no está en el papel, sino en el oficio, en la práctica, en el criterio, en la estrategia… en saber cómo aplicar lo aprendido en el mundo real.
El Derecho, a diferencia de otras profesiones, no genera un camino lineal de desarrollo profesional. No existe un "mercado automático" que absorba a todos los egresados ni una estructura laboral clara para insertarse. El abogado, en la mayoría de los casos, tiene que construir su propio lugar en el mundo jurídico. Y eso implica mucho más que tener un documento oficial.

¿Qué no garantiza el título?

Tener el título no asegura que puedas enfrentar un juicio con confianza ni presentar una demanda con éxito.

- No garantiza que domines la comunicación efectiva con tus clientes.
- No significa que puedas cobrar justamente por tus servicios.
- No te da automáticamente la capacidad de administrar tu trabajo ni de tener metas claras y definidas.
- No te conecta de inmediato con una red profesional poderosa.
- Y, lo más importante, no te garantiza que puedas vivir del Derecho.

¿Entonces, para qué sirve el título?

El título es valioso, sin duda, pero es solo una herramienta. Te habilita legalmente, te acredita y te da formalidad ante las instituciones. Pero como cualquier herramienta, su poder depende de quién la usa y cómo la usa. Un martillo en manos de un aprendiz puede ser inútil o peligroso, pero en manos de un experto se convierte en extensión de su oficio. Así es el título: su verdadero valor nace de la preparación práctica, la actitud y la visión estratégica que tú le imprimas.

La solución: cambia tu enfoque

Este es un llamado a la acción: deja de pensar en el título como el final y empieza a verlo como el comienzo. El verdadero ejercicio profesional comienza mucho antes de egresar, cuando decides involucrarte, aprender en la práctica, asumir riesgos, cometer errores y crecer.

La formación real está en la experiencia, no solo en la teoría.

Si te descubres pensando "cuando me titule empezaré", detente un momento y haz un cambio ahora.
Empieza hoy mismo con lo que tengas: una lectura, un trámite, ayudar a un familiar, un servicio sencillo. Cada pequeño paso que des desde hoy será la ventaja que te hará brillar cuando tengas el título en mano. Porque ese día, lo que marcará la diferencia no será el papel, sino lo preparado que estés para usarlo.

SER UN GRAN ABOGADO DEPENDE DE TI

El éxito no es solo cuestión de calificaciones universitarias. Se trata de tu capacidad para desarrollar habilidades prácticas, tu iniciativa y tu visión estratégica. La educación tradicional tiene limitaciones, pero tú tienes el poder de llenar esos vacíos. No te conformes con lo que te ofrecen; busca, explora, crea y prepárate desde temprano para conquistar el mundo jurídico. El éxito no es suerte, es preparación y actitud.

Actúa desde el primer semestre

Una de las ideas más peligrosas es creer que "todavía no se puede hacer nada" en los primeros semestres. Ese pensamiento solo genera espera y pasividad. No esperes el momento perfecto: créalo. Desde el primer día en la facultad, puedes empezar a construir hábitos, aprender habilidades y tomar acciones concretas que te diferenciarán como un verdadero profesional en formación.
¡El futuro es tuyo! No lo dejes en manos del tiempo o la suerte. Empieza hoy, crece cada día y prepárate para ser el abogado que siempre has soñado ser.

¿Qué significa "actuar profesionalmente" como estudiante?

Actuar profesionalmente no implica litigar sin fundamentos ni asumir casos que no se comprenden completamente, ni tampoco aparentar un nivel de experiencia que aún no se posee. Para un estudiante de Derecho, actuar profesionalmente durante la carrera significa:

- **Desarrollar una mentalidad de servicio:**

Comprender el Derecho como una herramienta para resolver problemas concretos de personas reales. La formación jurídica implica entender que el Derecho no es solo teoría, sino un medio para generar impacto en la sociedad mediante la escucha activa, el análisis riguroso y la aplicación empática de la norma. Así, el ejercicio del Derecho se concibe como un compromiso responsable orientado a la justicia y a soluciones prácticas para situaciones cotidianas.

- **Formarse fuera del aula:**

Es fundamental complementar la formación académica leyendo jurisprudencia, revisando expedientes públicos, asistiendo a audiencias y observando el trabajo de abogados reconocidos en sus redes profesionales. Estas prácticas acercan al estudiante a la realidad del ejercicio profesional y fortalecen la relación entre la teoría y la práctica.

- **Buscar mentoría:**

Acercarse a profesionales, profesores o egresados accesibles permite observar y aprender de su experiencia directa. La mentoría facilita la comprensión de las dinámicas del ejercicio jurídico, promueve el aprendizaje a través de la observación y el diálogo, y contribuye a la construcción de una perspectiva integral y ética sobre la profesión.

- **Practicar con casos simulados o reales (bajo supervisión):**

Participar en trámites sencillos, clínicas jurídicas universitarias o acompañar a conocidos en gestiones legales proporciona experiencia práctica. Estas actividades, supervisadas por profesionales, ayudan a consolidar conocimientos teóricos y a desarrollar habilidades indispensables para el ejercicio profesional, como la responsabilidad y la atención al detalle.

- **Crear una marca personal desde temprano:**

Profesionalizar las redes sociales, compartir contenido relevante y mantener una página web que refleje la formación y visión profesional, contribuyen a construir una identidad coherente y confiable. Esta presencia digital facilita la creación de redes profesionales y la consolidación de una imagen seria y comprometida dentro del ámbito jurídico.

Actuar profesionalmente desde la etapa estudiantil implica adoptar una actitud proactiva que combine la teoría con la práctica, el aprendizaje continuo y la responsabilidad ética. Esta preparación integral es fundamental para una transición exitosa al ejercicio del Derecho.

¿Cómo empezar, incluso desde el primer semestre?

Aquí te comparto algunas acciones reales que puedes tomar según tu nivel de estudios:

Si estás en los primeros semestres:

- Comienza a leer con propósito: no solo para aprobar materias, sino para entender cómo aplicar lo aprendido.
- Visita juzgados o audiencias públicas para conocer escenarios reales.
- Apóyate en compañeros más avanzados para identificar herramientas y libros útiles.
- Ofrece apoyo a profesores o abogados con tareas básicas: archivar, transcribir, revisar formatos.
- Lleva un diario jurídico: anota lo que aprendes fuera del aula y reflexiona sobre ello.

Si estás a mitad de carrera:

- Aprende a redactar documentos sencillos: escritos de trámite, contratos básicos, asesorías simuladas.
- Crea formatos y modelos: elabora plantillas de demandas o contratos y compártelas.
- Inicia un blog o perfil profesional para compartir lo que aprendes en lenguaje ciudadano.

- Acércate a comunidades o foros jurídicos en redes, donde puedas interactuar con colegas.

Si estás por egresar:

- Ofrece servicios sencillos bajo asesoría: orientación básica en trámites administrativos, divorcios por mutuo acuerdo, cambios de nombre, entre otros.
- Comienza a dialogar con colegas sobre la posibilidad de formar un pequeño despacho.
- Aprende sobre honorarios, administración del tiempo y gestión de clientes.
- Identifica qué rama del Derecho te interesa ejercer y empieza a especializarte en ella.

Un cambio de visión

No se trata de salir a litigar de inmediato, sino de formar el carácter y la práctica profesional antes de obtener el título. Así, cuando llegue el momento de egresar, ya habrás acumulado experiencia real, contactos, habilidades y seguridad en ti mismo y habrás pasado de estudiante pasivo a profesional en transición activa, recuerda que la práctica jurídica no inicia con una cédula… empieza con una decisión. **La mentalidad de servicio jurídico: ética, identidad y propuesta de valor**

Uno de los mayores retos para el estudiante de Derecho —y también para muchos abogados jóvenes— es asumirse como un agente útil para la sociedad incluso antes de considerarse "experto". El Derecho, por su naturaleza, es una profesión de servicio: no se trata solo de saber, sino de poner ese saber al servicio de otros. Cuanto antes se interiorice esta idea, más sólida será la identidad profesional que se forme.

La pregunta que todo estudiante debería hacerse NO es:

¿Qué tanto sé?, por el contrario, debería ser: ¿Cómo puedo ser útil con lo que ya sé, de forma ética y responsable?

Construir una mentalidad de servicio

Desde los primeros pasos, la práctica jurídica debe entenderse como un ejercicio de solución de problemas humanos concretos, no como una acumulación de tecnicismos. Incluso los conocimientos más básicos pueden transformarse en herramientas útiles si se orientan correctamente.

Por ejemplo:

- Saber explicar a una persona qué es un contrato y cómo se firma ya es brindar claridad jurídica.
- Orientar a alguien en cómo presentar una queja ante Profeco o una solicitud de información pública también es ejercicio de Derecho.
- Ayudar a interpretar una carta o notificación judicial es una forma de servicio valioso.

Estas acciones no requieren una cédula profesional. Requieren responsabilidad, estudio constante, claridad y empatía. Eso es mentalidad de servicio.

Lo que no nos enseñaron: **finanzas e inversiones para abogados en formación**

En la universidad aprendemos a interpretar leyes, redactar demandas, teorizar sobre el Estado de Derecho… pero nadie nos habla del dinero.

No del dinero como tema de Derecho fiscal, sino del dinero como recurso vital para sostener una carrera jurídica digna.

La mayoría de los estudiantes de Derecho egresan sin saber cómo administrar sus ingresos, cómo ahorrar, cómo cobrar justamente o cómo invertir en su futuro profesional. El resultado: abogados preparados técnicamente, pero financieramente vulnerables.

Este capítulo busca llenar ese vacío. No con fórmulas mágicas, sino con herramientas simples y aplicables desde la etapa estudiantil. Porque una buena formación financiera no es un lujo, es una estrategia de supervivencia y libertad profesional.

¿Por qué no se habla de dinero en la Facultad de Derecho?

Hay un sesgo cultural profundo: se enseña que la abogacía es un "servicio público", una "vocación", incluso un "sacrificio". Hablar de dinero suena mal, como si fuera una contradicción con la ética o la justicia.

Pero eso es un error. La vocación no debe implicar precariedad. Y si quieres vivir del Derecho, tienes que hablar de dinero con madurez.

Muchos profesionistas creen que ganar bien un mes ya es tener estabilidad. Pero sin administración, el dinero se va tan rápido como llega.

Un abogado exitoso no es el que más cobra, sino el que mejor administra, invierte y multiplica sus recursos.

¿Qué debería aprender un estudiante de Derecho sobre dinero?

a) Finanzas personales básicas

- Distinguir entre ingresos fijos, variables y pasivos.
- Llevar un registro de ingresos (consultas, trabajos, prácticas) y egresos (transporte, material, plataformas).
- Construir un fondo de emergencia (ideal: de 3 a 6 meses de gastos básicos).
- Entender la diferencia entre gastos necesarios y gastos aspiracionales.

b) Educación para el ahorro inteligente

- No basta con "guardar lo que sobra". El ahorro debe ser planificado.
- Ahorrar para metas claras: equipo, cursos, herramientas, publicidad legal, fondo para el primer despacho.

c) Cálculo de honorarios

- Aprender a estimar tarifas con base en tiempo, complejidad y valor agregado.
- No regalar el trabajo "por ser estudiante".
- Saber decir: "Este servicio tiene un valor, aunque sea básico".

d) Mentalidad de inversión

- Ver el dinero como semilla, no como recompensa.

- Invertir en sí mismo: libros, talleres, diseño de imagen profesional, dominio web, software jurídico.
- Realizar pequeñas inversiones a largo plazo: CETES, fondos indexados, cuentas de ahorro programado.

¿Y si aún no gano dinero como estudiante?

¡Mejor aún! Estás a tiempo de crear hábitos financieros inteligentes sin errores previos.

Aquí algunas ideas aplicables, aunque tus ingresos sean pequeños:

Acción	¿Para qué sirve?	Cómo implementarla
Registra tus egresos mensuales	Conocer en qué se te va el dinero	Usa apps como Fintonic, Wallet o una simple hoja de Excel
Ahorra un porcentaje fijo	Crear disciplina financiera	El 10% de cualquier ingreso: becas, ayudas, trabajos
Aprende sobre finanzas desde ahora	Formarte con anticipación	Libros básicos: "Padre Rico, Padre Pobre", "Pequeño Cerdo Capitalista", "El Inversionista Inteligente"
Simula tu primer presupuesto profesional	Visualizar tu vida laboral futura	Imagina cuánto costará operar un despacho básico y haz un presupuesto simulado
Inicia un "fondo de carrera"	Para invertir en cursos, exámenes, imagen, herramientas	Usa una cuenta separada solo para fines profesionales

¿Qué puede invertir un abogado que apenas inicia?

Contrario a lo que se cree, no necesitas tener millones para invertir. Puedes invertir en:

- **Tu imagen profesional**

Una foto formal, una tarjeta de presentación digital, un diseño de CV elegante.

- **Conocimiento estratégico**

Cursos específicos en áreas de oportunidad: contratos, medios alternativos, marketing legal, tecnología jurídica.

- **Tu presencia digital**

Un dominio web con tu nombre, una página sencilla de servicios jurídicos, un perfil profesional en redes.

- **Herramientas de trabajo**

Plantillas jurídicas, softwares de gestión de clientes, apps de productividad.

Propuesta: Tu primera estrategia financiera como estudiante de Derecho
Aquí te propongo un esquema sencillo que puedes aplicar desde ahora:

Categoría	% del ingreso sugerido	Ejemplo (ingreso mensual de $1,500)
Gastos personales	50%	$750
Ahorro para emergencias	20%	$300
Inversión en carrera	20%	$300
Recreación y bienestar	10%	$150

*Tabla de simulación financiera basada en pesos mexicanos

"Pero apenas gano, ¿cómo voy a ahorrar?"

Precisamente porque apenas ganas, debes aprender a priorizar desde ya. Quien aprende a manejar $1,500 sabrá cómo manejar $15,000 sin ahogarse.
Hablar de dinero es hablar de libertad
La independencia económica de un abogado comienza antes de titularse. Quien no aprende a manejar su dinero termina atrapado: en un mal empleo, en la deuda o en la dependencia de otros.
Aprender finanzas es un acto de autocuidado profesional. Invertir en ti es una forma de decirle al mundo: "Mi carrera es seria y la voy a sostener con inteligencia."
No esperes a tener más para aprender a administrarte. Empieza hoy, con lo que tienes. Porque, aunque aún estés estudiando, ya estás construyendo al profesionista en el que te convertirás mañana.

"La ética no es un límite, sino una brújula para actuar de forma profesional y sin riesgos."
— Néstor Cruz

Capítulo 9

LA ÉTICA COMO BASE

La ética profesional en la asesoría es la brújula que define tu reputación antes incluso de titularte.

LA ÉTICA PROFESIONAL EN LA ASESORIA: LO QUE DEBES Y NO DEBES HACER COMO ESTUDIANTE O PASANTE.

Si hay un principio que debe guiar todo acto jurídico —especialmente una asesoría — es la ética profesional.

Aunque aún no se tenga título o cédula, el comportamiento ético no comienza con el registro ante la Dirección General de Profesiones, sino con la formación personal y la responsabilidad con la que asumes tu papel como futuro abogado o abogada.

En esta sección abordamos los principios éticos básicos que debes interiorizar desde la etapa estudiantil al brindar asesoría jurídica. No importa si estás en los primeros semestres o ya por egresar: cada contacto con una persona que deposita en ti su confianza es un momento clave de aprendizaje y reputación.

1.- Di la verdad, aunque no tengas todas las respuestas.

Es común sentir presión por "quedar bien" ante una consulta. Pero recuerda: no estás para aparentar ser abogado, sino para formarte como un profesional confiable. Si no sabes una respuesta, dilo con claridad y compromiso:

"No tengo la respuesta en este momento, pero puedo investigarlo y darte una orientación más precisa."

Este tipo de respuestas construye confianza y muestra madurez. Lo contrario — inventar o suponer— puede acarrear consecuencias graves para la persona que te consulta y para ti.

2.- No te involucres en trámites que no puedes legalmente ejercer.

Un estudiante no debe presentarse como abogado, ni firmar escritos, ni realizar actos procesales sin supervisión de un profesional autorizado. El Código Penal del Estado de Guanajuato tipifica como delito el ejercicio ilegal de una profesión.

Sin embargo, eso no significa que debas quedarte al margen, sino que debes actuar dentro de tus posibilidades reales y legales, como:

- Apoyar en redacción de documentos internos (no escritos dirigidos a autoridad, salvo bajo supervisión).

- Preparar cronologías, notas o análisis jurídicos.
- Hacer acompañamiento informativo a clientes con dudas.
- Participar en clínicas jurídicas universitarias.

3.- Respeta la confidencialidad desde el primer momento.

Todo lo que una persona comparta contigo en una asesoría, aun cuando no exista relación formal o contrato de prestación de servicios, debe manejarse con confidencialidad. Esto incluye:

- No contar lo que escuchaste a terceros.
- No usar la información como ejemplo en redes sociales.
- No divulgar nombres ni detalles sin consentimiento.

La confidencialidad no es exclusiva de abogados titulados. Como estudiante, estás formando una reputación desde ya, y esta comienza con el respeto por la confianza depositada.

4.- No prometas resultados.

Una frase como "eso se gana fácil" o "eso te lo arreglamos rápido" puede parecer inofensiva, pero es profundamente riesgosa y poco ética. En Derecho, todo depende del caso concreto, las pruebas, el criterio del juez, la actuación de la contraparte, entre muchas otras variables.

Siempre que asesores, deja claro que tu función es orientar con base en el conocimiento actual y los medios legales disponibles, no garantizar un resultado.

Puede parecer muy inofensivo asegurar el resultado y tener la certeza de que será favorable por conocer perfectamente el asunto; es común, sobre todo si lo que buscas es asegurar al cliente por el beneficio del pago. Pero créeme, puedes llevarte alguna sorpresa. No te apresures a nada: evitar esto puede darte más tranquilidad de la que esperas. Recuerda que criterios existen en demasía, las perspectivas son diversas y los pensamientos no son la excepción. Entonces, quedémonos en la lógica: se hará el mejor esfuerzo por obtener un resultado positivo.

5.- Sé transparente si cobras (o si no).

Aunque aún no tengas título, es posible —en ciertos contextos y respetando los límites legales— que brindes asesorías informativas o elabores documentos no oficiales a cambio de una compensación económica. Si así lo haces, sé completamente transparente desde el inicio:

- Aclara si el servicio tiene costo.
- Informa si lo harás con ayuda de un abogado titulado.
- Establece un límite claro de tu servicio.

Lo ideal es que todo cobro, por mínimo que sea, esté justificado por el tiempo invertido, el conocimiento aplicado y la claridad del alcance.

La ética no es un requisito que aparece en la vida profesional solo cuando se tiene una cédula; es un modo de vivir y ejercer el Derecho desde sus cimientos. Si desde ahora actúas con integridad, respeto y humildad, estarás sembrando lo más valioso que un abogado puede construir: una reputación de confianza.

Debemos darle el valor correspondiente a nuestro trabajo. Como abogado, poco a poco irás puliendo el campo del cobro de honorarios. Llegarán personas a las que, por un servicio específico, cobres cierta cantidad, y otras, por el mismo servicio, a las que decidas cobrar otra.
Incluso podrás llegar a tener cierta empatía con determinados clientes, al grado de atreverte a decir que solo se encarguen de los gastos extras, sin contemplar honorarios tuyos. Y esto, porque así lo decides en determinado momento.

LA ETICA COMO BASE INNEGOCIABLE

En esta etapa es crucial señalar lo siguiente: servir no es "aventarse" sin conocimiento, tampoco es "litigar a ciegas". La ética profesional se construye antes de ejercer formalmente y debe formar parte del ADN del abogado desde su etapa formativa.
Una práctica prematura sin ética puede:

- Dañar a una persona vulnerable.
- Comprometer tu nombre profesional antes de consolidarte.
- Generar consecuencias legales para ti y para otros.

Por eso, servir responsablemente implica reconocer los propios límites y actuar siempre bajo el principio: *"Si no lo sé hacer bien, lo estudio, me asesoro o no lo hago".*

¿QUÉ ES LA IDENTIDAD PROFESIONAL DEL ABOGADO?

La identidad profesional no es una vestimenta, ni una cédula, ni siquiera el logo de un despacho. Es la coherencia entre lo que crees, lo que haces y cómo lo haces. Y empieza a formarse desde la universidad con preguntas como:

- ¿Qué tipo de abogado quiero ser?
- ¿En qué áreas del Derecho me interesa aportar valor?
- ¿Qué causas me mueven? ¿Qué problemas quiero ayudar a resolver?
- ¿Qué reputación quiero construir con mis actos?

Responder estas preguntas no es sencillo, pero es esencial. Porque un abogado sin identidad termina repitiendo fórmulas, copiando estilos ajenos y diluyéndose en el anonimato profesional.

LA PROPUESTA DE VALOR: ¿QUÉ PUEDES OFRECER TÚ QUE OTROS NO?

Todo abogado, incluso estudiante, puede tener una propuesta de valor. Es decir, una forma específica de servir, con un enfoque, un estilo o una especialidad que lo distinga.
Ejemplos de propuestas iniciales de valor que un estudiante podría desarrollar:

- "Ofrezco asesoría jurídica clara y accesible para mujeres emprendedoras que están comenzando su negocio."
- "Me especializo en orientación básica para trámites civiles en mi comunidad."
- "Comparto contenido útil en redes para jóvenes que enfrentan problemas legales comunes: rentas, consumo, deudas."

Estas propuestas no requieren experiencia extensa; requieren observación de las necesidades sociales y disposición a actuar con lo que se tiene, mientras se sigue aprendiendo.

Para concluir con lo expresado líneas arriba: cuando comprendes que el Derecho no se ejerce solo desde el escritorio de un tribunal, sino también desde una plática bien orientada, una asesoría clara o una guía honesta, cambia tu forma de entender la profesión.

Servir desde ahora —de forma ética, consciente y responsable— te dará una ventaja que ningún título puede ofrecerte por sí solo: el respeto y la confianza genuina de las personas a las que ayudas.

"La justicia no es un ideal abstracto, sino un proceso activo que requiere valor para tomar decisiones y actuar."
— Ruth Bader Ginsburg

Capítulo 10

PRIMERAS ACCIONES

El camino de un abogado no comienza con el título, sino con la primera decisión de aprender, actuar y servir desde hoy.

PRIMERAS ACCIONES CONCRETAS QUE PUEDES HACER HOY MISMO

Después de leer sobre la realidad del título, la necesidad de actuar desde temprano y la importancia de asumir una identidad de servicio, lo siguiente es hacer algo real con todo eso. Este apartado no es teórico: es una lista de acciones concretas, accesibles y realistas que puedes realizar desde hoy mismo, sin necesidad de esperar a egresar ni depender de nadie.

1.-Crea tu primer perfil profesional

Aunque estés en el primer semestre, puedes comenzar a construir una presencia profesional.

Acciones sugeridas:

- Abre una cuenta de LinkedIn o mejora la que ya tienes.
- Comparte qué estás estudiando y por qué elegiste Derecho.
- Escribe una pequeña biografía donde expliques qué te interesa, qué tipo de casos sociales te mueven y qué quieres aportar.
- Agrega una frase como: "Estudiante de Derecho en formación, enfocado en [rama de interés] con visión de servicio a mi comunidad."

2.- Comienza un cuaderno de práctica jurídica

1. Compra una libreta exclusiva (o crea un archivo digital) para registrar:

- Conceptos clave que vas aprendiendo.
- Modelos de escritos legales que consigas o analices.
- Apuntes de juicios, audiencias o gestiones legales que observes.
- Casos reales que escuches y cómo los analizarías jurídicamente.
- Reflexiones personales sobre lo que vas entendiendo del mundo jurídico.
- Este cuaderno será una especie de "bitácora de formación" y un recurso valiosísimo más adelante.

3.- Observa y analiza casos reales

Puedes ir a juzgados locales (especialmente en materia civil o familiar), asistir a

audiencias públicas o revisar expedientes.
Lleva una libreta y pregúntate:

- ¿Qué problema se está resolviendo aquí?
- ¿Qué leyes se están aplicando?
- ¿Cómo actúan los abogados?
- ¿Qué haría yo si representara a una de las partes?
- Este tipo de observación activa te enseña más que cien páginas de teoría mal leída.

4.- Ofrece ayuda jurídica simple a tu círculo cercano
Desde revisar un contrato de renta, explicar un recibo legal, acompañar a alguien a presentar un escrito en una oficina pública o buscar información legal confiable, puedes convertirte en un recurso útil sin exceder tus competencias.
Y si no sabes algo, dilo con honestidad:

"Estoy aprendiendo sobre eso, déjame investigarlo y te ayudo a entenderlo."

Esa actitud profesional genera confianza desde temprano.

5.- Estudia un solo trámite… a fondo.
Elige un procedimiento legal sencillo (por ejemplo, un divorcio por mutuo acuerdo, un juicio de alimentos, un cambio de nombre, una rectificación de acta, etc.) y conviértelo en tu especialidad inicial.
Estudia:

- Fundamento legal (por ejemplo, el Código Civil del Estado de Guanajuato).
- Requisitos, documentos y pasos del procedimiento.
- Costos aproximados y tiempo estimado.
- Problemas frecuentes que pueden surgir.
- Después, crea un pequeño esquema o presentación que podrías usar con futuros clientes. Convertir el conocimiento en servicio es el primer paso hacia un despacho propio.

6.- Conéctate con otros que estén en la misma ruta.
Forma o únete a un grupo de estudiantes con la misma mentalidad: que quieran aprender haciendo, compartir recursos, ayudarse y crecer.
Puedes:

- Organizar debates, simulacros, clubs de lectura jurídica.
- Crear un grupo en redes para intercambiar experiencias prácticas.
- Contactar a egresados accesibles para pedirles consejos.

La comunidad es clave para crecer más rápido y no sentirse solo en este camino.

7.- Visualiza tu despacho desde ahora
Haz un ejercicio de imaginación activa:

- ¿Cómo se llamaría tu primer despacho?
- ¿Qué servicios ofrecerías?
- ¿Cómo se vería tu logo, tu tarjeta, tu oficina (aunque sea virtual)?

- ¿Qué te haría distinto de los demás?

Este ejercicio no es fantasía: es el primer borrador de tu realidad futura.

Hacer alguna de estas acciones desde ya significa que habrás roto con la pasividad que frena a miles de estudiantes. No necesitas saber todo. No necesitas tener experiencia para comenzar. Solo necesitas decidir que vas a construir tu camino profesional desde hoy. Porque, como ya vimos, el título no es el final de nada… es el inicio formal de algo que ya puede estar en marcha.

"Tu marca es lo que la gente dice de ti cuando no estás en la habitación."
— Jeff Bezosg

Capítulo 11

MARKETING LEGAL

Tu marca personal es tu mejor Inversión

BRANDING PERSONAL

¿En términos de marketing, sabes lo que significa el branding personal? Puede haber muchas definiciones de este concepto, y me gustaría señalar aquí una que, en lo personal, me pareció muy adecuada:

> **El Branding Personal o Marca Personal es la gestión adecuada y consciente de las percepciones, los recuerdos y las expectativas que queremos generar en los demás.**

Dicho de otra manera, podríamos decir que es la huella que dejamos en la mente de los demás, con la cual nos identifican como alguien valioso, fiable, afín a ellos, creíble y deseable. Esto que te comento es algo sumamente importante. Si lo analizas y vuelves a leerlo, notarás que no se refiere a lo que tú eres o sabes, sino a la percepción que los demás tienen de ti. Y eso —espero— haya abierto las puertas de tu mente de par en par.

En otro sentido, no tienes que ser el mejor en tu mercado, pero para mantener tu marca personal en altos niveles es necesario que tus servicios satisfagan o resuelvan el problema por el cual tus prospectos te contrataron. Es decir: tu servicio tiene que ser bueno si quieres sostener tu marca personal.

Nuestra marca personal genera afinidad, confianza y seguridad en nuestros prospectos; y eso, sin lugar a dudas, influye directamente en la venta de nuestros productos o servicios.

Y es que una cosa está más que clara:

Nadie va a comprarte nada si no confía en ti.

PERFIL DE MARCA PERSONAL: ¿QUÉ ES Y POR QUÉ ES CRUCIAL?

En el competitivo mundo actual, tanto profesional como social, contar con un perfil de marca personal sólido no es un lujo, sino una necesidad. Es la forma en que te presentas al mundo, definiendo quién eres, qué haces, qué valor ofreces y por qué eres la mejor opción en tu nicho.

En esencia —como mencionaba líneas arriba— es la percepción que los demás tienen de ti.

¿QUÉ COMPONE TU PERFIL DE MARCA PERSONAL?

Tu perfil de marca personal no es solo tu currículum o tu perfil de LinkedIn. Es una amalgama de diversos elementos que, en conjunto, crean una imagen coherente y memorable:

- Tu Propuesta de Valor Única (PVU): ¿Qué te hace diferente? ¿Qué problema resuelves o qué necesidad satisfaces de una manera que nadie más puede? Aquí radica tu distintivo, lo que te separa de la competencia.
- Tus Valores: ¿Qué principios rigen tu trabajo y tu vida? La autenticidad y la coherencia con tus valores atraen a personas y oportunidades afines.
- Tu Historia (Narrativa): Todos tenemos una historia. ¿Cómo has llegado hasta donde estás? ¿Qué experiencias te han moldeado? Una narrativa bien construida genera conexión emocional.
- Tus Habilidades y Fortalezas: No solo las técnicas, sino también las blandas. Identifica aquellas en las que destacas y que son relevantes para tu público objetivo.
- Tu Apariencia y Estilo: No se trata de superficialidad, sino de cómo te presentas visualmente: forma de vestir, lenguaje corporal y presencia en línea (fotos de perfil, diseño de tu sitio web o redes sociales).
- Tu Voz y Tono: ¿Cómo te comunicas? ¿Eres formal o informal, serio o divertido? Tu voz debe ser coherente en todas tus interacciones.
- Tu Audiencia Ideal: ¿A quién quieres impactar? Conocer a tu público te permite adaptar tu mensaje y tus acciones para ser más relevante.
- Tu Reputación Digital y Offline: Lo que la gente dice de ti cuando no estás presente. Esto se construye con cada interacción, proyecto y comentario que realizas en línea.

¿POR QUÉ ES CRUCIAL TENER UN PERFIL DE MARCA PERSONAL DEFINIDO?

- Visibilidad y Reconocimiento: Te ayuda a destacar en un mar de información. Si no defines quién eres, los demás lo harán por ti, y no siempre de la manera que deseas.
- Credibilidad y Confianza: Un perfil coherente y auténtico genera confianza. Las personas tienden a confiar en quienes saben quiénes son y qué ofrecen.
- Oportunidades Profesionales: Facilita la atracción de clientes, empleadores o colaboradores ideales. Si saben lo que representas, es más probable que te busquen para proyectos o puestos afines a tus habilidades y valores.
- Diferenciación de la Competencia: En un mercado saturado, ser "uno más" no te llevará lejos. Tu marca personal es tu ventaja competitiva.
- Autoconocimiento y Dirección: El proceso de construir tu perfil te obliga a reflexionar sobre tus fortalezas, pasiones y objetivos, dándote una dirección clara.
- Impacto y Legado: Te permite influir en tu campo, compartir tu conocimiento y dejar una huella duradera.

Construir tu marca personal no es un proceso que suceda de la noche a la mañana, pero con los pasos correctos y la consistencia necesaria, los resultados llegarán.

EL AUTOCONOCIMIENTO PROFUNDO: ¿QUIÉN ERES REALMENTE?

Antes de que puedas comunicar tu marca al mundo, necesitas entenderla a fondo tú mismo. Este es el paso más crítico y, a menudo, el más subestimado.

Identifica tus Pasiones y Valores:

Pregúntate: ¿Qué te apasiona? ¿Qué disfrutas haciendo, incluso si no te pagaran por ello? ¿Qué te indigna o qué causas te mueven?

Haz una lista de tus valores fundamentales: ¿Qué es lo más importante para ti en la vida y en el trabajo? (Ejemplos: honestidad, innovación, colaboración, libertad, impacto social, creatividad). Estos valores son el filtro a través del cual tomarás decisiones y te conectarás con otros.

Ejercicio: Piensa en momentos en los que te sentiste más feliz y realizado. ¿Qué estabas haciendo? ¿Qué valores estaban en juego?

Descubre tus Habilidades y Fortalezas Únicas:

Haz un inventario: ¿En qué eres realmente bueno? Considera tanto habilidades técnicas (software, idiomas, diseño) como habilidades blandas (comunicación, liderazgo, resolución de problemas, empatía, organización).

Pide retroalimentación: Pregunta a colegas, amigos o mentores en qué creen que destacas. A menudo, otros ven fortalezas en nosotros que pasamos por alto.

Piensa en tus "superpoderes": ¿Qué haces sin esfuerzo y que a otros les cuesta? Esa es una fortaleza clave.

Define tu Propósito o Misión:

No tiene que ser grandilocuente, pero sí significativo para ti. ¿Qué quieres lograr en el mundo? ¿Qué impacto quieres dejar?

Formúlate: "¿Qué problema resuelvo o qué necesidad satisfago con mi conocimiento y experiencia?" o "¿Qué quiero que la gente piense o sienta cuando piense en mí?".

Tu propósito será el norte que guíe todas tus acciones de marca personal.

Reconoce tus Debilidades y Áreas de Mejora:

Ser consciente de tus limitaciones no es un defecto, sino una oportunidad para crecer. No tienes que publicitarlas, pero sí entenderlas para mitigarlas o trabajar en ellas.

Pregúntate: ¿Qué te desafía? ¿Dónde podrías mejorar? ¿Hay habilidades que te faltan y que son importantes para tus objetivos?

Define tu Audiencia Ideal: ¿A quién quieres atraer?

Una vez que sabes quién eres, necesitas saber a quién quieres hablarle. Tu marca personal no es para todos, sino para las personas adecuadas.

— ¿Quién se beneficiaría más de lo que ofreces?

— ¿Qué tipo de empleos, clientes o colaboraciones buscas?
— ¿Qué problemas o desafíos tienen ellos que tú puedes ayudar a resolver?
—¿En qué plataformas se encuentran? (LinkedIn, Instagram, congresos, etc.)

Investiga tu Entorno y Competencia: ¿Dónde te posicionas?
Haz un análisis del mercado: ¿Qué tendencias existen en tu industria o nicho?
Analiza a otros: ¿Quiénes son las personas exitosas en tu campo? ¿Qué están haciendo bien? ¿Qué puedes aprender de ellos? No para copiarlos, sino para inspirarte y encontrar tu propio diferenciador.
Identifica brechas: ¿Hay algún espacio en el mercado donde puedas destacar por ser diferente?

Pasos Siguientes Inmediatos:

1. Crea un "Documento Maestro" de tu Marca Personal: Abre un documento (físico o digital) y escribe todas las respuestas a las preguntas de autoconocimiento. Este será tu referente.
2. Define 3-5 Palabras Clave: Basándote en tus valores, fortalezas y propósito, elige de tres a cinco palabras que encapsulen la esencia de tu marca personal. Estas te servirán de guía en todo lo que hagas.
3. Crea tu "Elevator Pitch": Con lo anterior, intenta resumir quién eres, qué haces y qué valor ofreces en una o dos frases, como si lo dijeras en un viaje corto en ascensor.

Comienza con estos pasos y tómate tu tiempo. Es un proceso de introspección valioso. Una vez que tengas una base sólida de autoconocimiento, estarás listo para comunicar y construir tu marca personal en el mundo exterior.

Desarrolla tu Mensaje Clave y tu Historia
Tu marca personal necesita un mensaje claro y conciso que resuene con tu audiencia y cuente tu historia de manera auténtica.

Define tu Propuesta de Valor Única (PVU)
Ya la trabajaste un poco en la fase de autoconocimiento; ahora es el momento de refinarla. ¿Qué problema resuelves? ¿Qué beneficio principal ofreces? ¿Qué te hace diferente y mejor que los demás en tu nicho?
Ejemplo: "Ayudo a pequeños negocios a optimizar su relación contractual con proveedores de servicios necesarios para su desarrollo comercial."
Crea tu Narrativa o Historia de Marca: Las personas se conectan con las historias. ¿Cómo llegaste a donde estás? ¿Qué desafíos superaste? ¿Qué te motiva? No tiene que ser una saga, pero sí un relato que humanice tu marca y la haga memorable.
Considera: tu origen, tus motivaciones, los momentos clave en tu trayectoria, tus fracasos convertidos en aprendizajes y cómo todo eso te llevó a ser quien eres hoy y a ofrecer lo que ofreces.

Identifica tus Palabras Clave y Mensajes de Apoyo: Además de tu PVU, ¿qué otras palabras o frases quieres que la gente asocie contigo? ¿Hay mensajes secundarios que refuercen tu valor? Piensa en los pilares de lo que quieres comunicar.

Elige tus Plataformas y Canales de Comunicación

No tienes que estar en todas partes, pero sí en los lugares donde está tu audiencia ideal y donde puedes mostrar tu valor de manera efectiva.

Identifica dónde está tu audiencia: Si tu objetivo son profesionales, LinkedIn es fundamental. Si eres consultor, un blog o un canal de YouTube podrían ser más adecuados.

Selecciona 2-3 plataformas principales: Es mejor dominar unas pocas que tener una presencia superficial en muchas. Elige aquellas donde puedas generar contenido de valor y participar activamente, toma en cuenta lo siguiente:

- Considera diferentes formatos de contenido:
- Escrito: Artículos de blog, publicaciones en redes sociales, correos electrónicos, newsletters.
- Visual: Infografías, imágenes, vídeos cortos, historias.
- Audio: Podcasts, participaciones en paneles, charlas.
- Interactivo: Webinars, talleres, sesiones de preguntas y respuestas en vivo.

Optimiza tus perfiles existentes: Asegúrate de que tu biografía, foto de perfil y contenido en cada plataforma sean coherentes con tu marca personal y reflejen tu PVU y mensaje clave.

Desarrolla y Comparte Contenido de Valor

Aquí es donde tu marca personal cobra vida. El contenido es la principal forma de demostrar tu experiencia y construir confianza.

- Sé un experto y solucionador de problemas: No solo hables de ti; habla de cómo puedes ayudar a tu audiencia. Ofrece soluciones a sus desafíos, comparte conocimientos útiles, da consejos prácticos.
- Crea un calendario de contenido (opcional, pero recomendado): Planifica qué vas a publicar, cuándo y en qué plataforma. Esto te ayudará a ser consistente.
- Varía tus temas: Explora diferentes ángulos dentro de tu nicho. Comparte tus opiniones, análisis de tendencias, casos de estudio, tutoriales, etc.
- Sé consistente: La clave del éxito en la marca personal es la constancia. Publica regularmente, interactúa con tu audiencia y mantén la coherencia en tu mensaje y tono.
- La autenticidad es clave: No intentes ser alguien que no eres. Tu audiencia apreciará tu honestidad y tu voz única.

NETWORKING Y COLABORACIÓN

La marca personal no es solo lo que dices de ti mismo, sino también cómo te relacionas con otros y cómo te perciben los demás.

- Conéctate de forma significativa: No se trata de coleccionar contactos, sino de construir relaciones genuinas. Asiste a eventos (online y offline), participa en grupos relevantes y sé proactivo en tus interacciones.
- Ofrece valor en tus interacciones: Antes de pedir, ofrece. Comparte información útil, presenta a personas o simplemente sé un buen oyente.
- Busca colaboraciones: ¿Con quién puedes colaborar que tenga una audiencia similar a la tuya? Esto puede ir desde un coanfitrión en un webinar hasta la redacción de un artículo conjunto.
- Pide y ofrece testimonios/recomendaciones: Los avales de terceros son poderosos. Si alguien te da un buen feedback, pídele si puede dejarte una recomendación en LinkedIn. Y tú, ofrece recomendaciones a aquellos que las merecen.

"Emprender no es competir con todos.
Es crear redes de confianza y profesionalismo."
— anónimo

Capítulo 12

EMPRENDER DESDE CERO

Tu Primer Modelo de Negocio Jurídico

EMPEZAR ANTES DE "ESTAR LISTO"

Hablar de emprender un despacho jurídico propio durante o justo al egresar de la licenciatura puede parecer, para muchos, un proyecto lejano o incluso imposible. La idea tradicional nos ha hecho pensar que primero debemos buscar empleo, adquirir experiencia bajo la tutela de alguien más y, sólo después —algún día, quién sabe cuándo—, pensar en abrir una oficina propia. Pero, ¿y si eso no es más que un guion preestablecido que no se ajusta a todos?

Considerar la posibilidad de iniciar por cuenta propia con una oficina —por modesta que sea— implica mucho más que una aspiración económica o un deseo de independencia: es una decisión estratégica y de identidad profesional. Quien decide emprender asume la responsabilidad de construir su camino, organizar su tiempo, buscar sus propios clientes y aprender directamente del ejercicio práctico del Derecho. Ese compromiso, que muchos postergan por miedo o comodidad, es exactamente lo que puede distinguirte del resto desde muy temprano.

Yo mismo soy prueba de que es posible comenzar antes de estar "listo" en el sentido convencional. Colocar mi primera oficina no fue fruto de una beca, un préstamo o una oportunidad privilegiada. Fue una decisión tomada en medio de limitaciones reales: era estudiante, no contaba con recursos económicos, apenas podía costear lo básico para estudiar, y por esa misma razón me ausentaba de eventos sociales o convivencias. Pero entendí algo clave: el conocimiento que estaba adquiriendo ya podía convertirse en servicio y, por lo tanto, en una posibilidad de comenzar.

Sucede que, cuando "mentalizamos los contenidos" y no nos exigimos comprobarlos, los olvidamos y no hemos aprendido nada. Me gusta experimentar y compartir lo que aprendí con base en lo vivido. He comprobado que muchas personas se conforman con saber, porque se dicen a sí mismas: "No lo hago, pero al menos lo sé". Parece reconfortarles. Se sincero: ¿cuántas veces has leído en un libro algo con lo que estás de acuerdo pero que olvidas aplicar? Saber implica responsabilidad. No aplicar lo aprendido te recuerda que no te quieres a ti mismo, pues no te das lo que deseas o lo que aprendiste. No te das lo que puede cambiar tu vida. Creo que es peor saber y no hacer que no saber.

Por lo menos, la ignorancia está excusada de aplicar el conocimiento que no tiene (aunque no está excusada de salir de ella). Lo que no haces te lo robas a ti mismo. Saber y no hacer es un acto de deslealtad contigo mismo. Por encima de todo, saber y no hacer es un síntoma de baja autoestima, porque una persona que se ama a sí misma está dispuesta a aplicar lo que sabe y darse el mejor de los regalos que puede hacerse: el conocimiento aplicado. La transformación.

Ahora te comparto: ¿sabes dónde instalé mi primer despacho? Lo instalé en la sala de mi casa (la casa de mis padres), literalmente. Coloqué un escritorio sencillo, dos sillas y comencé a recibir a mis primeros clientes. No tenía aún un título colgado en la pared ni cédula profesional, pero sí algo más importante: la voluntad de servir, de aprender y de actuar con seriedad. Esa pequeña oficina improvisada fue el inicio real de mi carrera, mucho antes del acto protocolario de la graduación.

Ningún barco está seguro fuera del puerto, pero los barcos se construyeron para navegar los mares, no para buscar la seguridad.

Este capítulo busca mostrarte que no necesitas tenerlo todo resuelto para comenzar. Solo necesitas tres elementos fundamentales: una visión clara, una disposición firme a ofrecer un servicio jurídico útil y una actitud ética que te mantenga en el camino correcto. El resto —la experiencia, los clientes, la reputación— llega con el tiempo, siempre y cuando comiences.

En las siguientes páginas conocerás diversos modelos de negocio jurídico básicos, realistas y adaptados a las condiciones de estudiantes o egresados sin experiencia previa. Son ideas viables, de bajo costo y con alta utilidad social, que pueden convertirse en el cimiento de tu futura práctica profesional. Pero antes, lo más importante es que asumas una verdad liberadora: no necesitas esperar el momento perfecto, porque ese momento empieza cuando tú decides activarlo.

¿QUÉ ES UN MODELO DE NEGOCIO JURÍDICO?

Un error común entre estudiantes y egresados de Derecho es pensar que "poner un despacho" es simplemente alquilar un local, colocar un letrero que diga "Lic. en Derecho" y esperar a que los clientes lleguen. Esa visión, además de desactualizada, puede ser riesgosa: sin planificación ni estrategia, lo más probable es que ese intento fracase en los primeros meses.

Por eso es fundamental comprender qué es, en términos simples, un modelo de negocio jurídico. Un modelo de negocio no es otra cosa que la manera en que estructuras tu servicio legal para que genere valor a otras personas y, al mismo tiempo, te permita obtener ingresos de forma ética y sostenible.

El modelo responde cuatro preguntas básicas:

- **¿Qué problema legal estoy ayudando a resolver?**

No se trata de "hacer de todo", sino de identificar un área donde puedas especializarte o comenzar con lo que ya sabes bien.

- **¿Para quién es útil lo que ofrezco?**

Es decir, definir a tu cliente: ¿familias?, ¿personas con ingresos limitados?, ¿emprendedores?, ¿trabajadores?, ¿jóvenes?, ¿migrantes?, ¿víctimas?

- **¿Cómo entrego ese servicio legal?**

Aquí hablamos de la forma: presencial, en línea, en visitas a domicilio, por convenio con asociaciones o instituciones. También incluye cómo explicas, cómo acompañas y cómo documentas.

- **¿Por qué pagarían por este servicio?**

Esta es la pregunta más importante: ¿qué te hace útil y confiable? ¿Cómo percibe valor la persona a la que ayudas?

Un abogado independiente no solo ofrece "conocimientos"; ofrece soluciones jurídicas concretas, en formas que su comunidad necesita, entiende y puede pagar.

Ejemplo breve:

Si sabes cómo tramitar un divorcio por mutuo acuerdo y en tu comunidad hay muchas parejas en esa situación, puedes diseñar un servicio claro:

"Trámite de divorcio sencillo, asesoría y acompañamiento de inicio a fin. Primera consulta gratuita. Precio fijo y sin sorpresas."

Eso ya es un producto legal, con un cliente objetivo, un formato accesible y una promesa clara de valor.

DEL ESTUDIANTE DE DERECHO AL PRESTADOR DE SERVICIOS LEGALES

Pensar en modelos de negocio no es solo para empresarios o para quienes ya tienen una firma consolidada. Es, sobre todo, una herramienta para organizar tu conocimiento jurídico en función de un problema real.

Este enfoque no te aleja de la ética profesional; todo lo contrario: te obliga a actuar con responsabilidad, con claridad en tus límites como estudiante o egresado y con conciencia del impacto de tu servicio. Saber que ayudas de verdad a personas con necesidades legales básicas ya es, en sí mismo, una contribución al acceso a la justicia.

COMPONENTES BÁSICOS DE UN MODELO JURÍDICO INICIAL

Emprender en el Derecho no comienza con grandes oficinas ni inversiones elevadas, sino con una estructura mínima bien pensada, basada en el conocimiento que ya tienes y en problemas jurídicos que sabes resolver o puedes aprender rápidamente.

Aquí desglosamos los componentes esenciales que todo estudiante o egresado debe considerar para diseñar su primer modelo de negocio jurídico funcional, accesible y legalmente viable.

1. El nicho legal: enfocarte en un problema concreto

Uno de los errores más comunes al iniciar es intentar abarcar todo el Derecho. Esta postura es insostenible, especialmente al comienzo. En lugar de eso, es recomendable enfocarte en una necesidad jurídica específica que puedas dominar y para la cual ya tengas las herramientas básicas.

Ejemplos comunes:

- Divorcio por mutuo acuerdo.
- Trámite de pensiones alimenticias.
- Juicios sucesorios intestamentarios.
- Cancelación de antecedentes penales.
- Redacción de contratos civiles o mercantiles simples.
- Asesoría básica a emprendedores (régimen fiscal, contratos, protección de nombre comercial).

*Escoger un nicho no significa que lo harás toda la vida, pero sí te permite comenzar con claridad y enfoque.

2. Producto o servicio legal: lo que ofreces realmente

No basta con decir: "soy abogado" o "ofrezco asesorías". Tu servicio debe tener una forma concreta, comprensible y útil para el cliente. El producto jurídico es el resultado de aplicar tu conocimiento para resolver una necesidad.

Ejemplos de productos jurídicos iniciales:

- Asesoría legal para iniciar un pequeño negocio desde cero.
- Gestión completa de divorcio en tres pasos.
- Consultoría para redactar tu contrato de arrendamiento.
- Acompañamiento para recuperar tu pensión alimenticia.

Consejo: piensa en paquetes o servicios con nombre, precio estimado y explicación clara. Eso da confianza y facilita la comunicación.

3. Propuesta de valor: por qué te elegirían a ti

Tu propuesta de valor debe responder a esta pregunta: ¿Qué te hace diferente, útil y confiable para tu cliente ideal?

Puede estar basada en:

- Claridad en tu servicio.
- Precios accesibles y sin letras pequeñas.
- Explicación paciente y lenguaje sencillo.
- Atención personalizada.
- Rapidez en el trámite.
- Accesibilidad digital (WhatsApp, Zoom, correo electrónico).

Un buen ejercicio es escribir tu propuesta en una frase sencilla. Por ejemplo: *"Brindo soluciones jurídicas simples, claras y accesibles para personas que no saben por dónde empezar."*

4. Canales de captación: cómo te encuentran

Puedes tener un excelente servicio, pero si nadie lo conoce, no funcionará. Por eso, debes pensar en cómo llegar a quienes necesitan lo que haces.

Algunos canales efectivos y gratuitos para estudiantes:

- Recomendaciones boca a boca (familia, vecinos, conocidos).
- Grupos comunitarios o parroquiales.
- Publicaciones en redes sociales (Facebook local, WhatsApp).

- Participación en actividades universitarias o sociales.
- Colaboración con profesionistas de otras áreas (contadores, psicólogos, maestros, etc.).

Consejo: la clave no es solo "anunciarse", sino comunicar valor con claridad y ética.

5. Entrega del servicio: cómo lo prestas

Debes definir cómo vas a brindar tu servicio, incluso si es desde casa. ¿Será en línea? ¿Presencial en un espacio adaptado? ¿A domicilio? ¿En colaboración con otro profesionista?

Consejos prácticos:

- Asegura privacidad y formalidad (aunque estés en tu casa).
- Usa herramientas básicas: correo electrónico, Google Drive, documentos escaneados.
- Crea un formato de ficha del cliente y guarda sus datos con confidencialidad.

6. Retorno económico: cómo generas ingresos

Finalmente, tu modelo debe contemplar cómo obtendrás un ingreso justo y legal.

Algunas ideas para empezar:

- Cobro por consulta (con descuento en el servicio si contratan).
- Tarifas fijas por trámite.
- Paquetes con servicios combinados.
- Primer servicio gratuito para posicionarte (estrategia de entrada).
- Aportaciones voluntarias en casos sociales, como forma de ganar experiencia.

Recuerda que, como estudiante, hay servicios que aún no puedes firmar legalmente, pero puedes colaborar, preparar documentos y orientar. La ética y la legalidad son límites que jamás debes ignorar.

"No temas equivocarte. Solo los que se atreven a fracasar enormemente pueden lograr grandes éxitos."
— Robert F. Kennedy

Capítulo 13

RETOS Y ERRORES AL EMPRENDER

Los errores son peldaños que nos acercan al éxito; cada reto es una oportunidad para aprender y crecer.

Emprender un modelo de negocio jurídico siendo estudiante o recién egresado es una decisión valiente, pero no exenta de obstáculos. Reconocer desde el inicio los desafíos más comunes puede ayudarte a evitarlos o, al menos, a enfrentarlos con una mentalidad más estratégica. Esta sección tiene un doble propósito: prevenir errores que muchos han cometido y normalizar los retos como parte natural del proceso de formación profesional.

ESPERAR DEMASIADO PARA "ESTAR LISTO"

Uno de los errores más comunes es pensar que hay que saberlo todo antes de empezar. La verdad es que nunca te vas a sentir completamente listo, porque el Derecho es demasiado amplio y siempre habrá nuevas reformas, criterios y procedimientos por aprender. Lo importante es comenzar con lo que ya dominas y comprometerte a aprender mientras avanzas.

Consejo: Si sabes hacer bien un trámite, empieza por ahí. La acción, más que la preparación infinita, es la que genera experiencia real.

Puedo asegurarte que nunca estarás listo, siempre habrá algo que aprender. Toma en cuenta esto y nunca lo olvides: el derecho está en constante transformación; además, como abogados, debemos buscar las deficiencias que pudieran existir en las leyes, códigos, reglamentos, minutas, etc.

Te pondré dos panoramas de situaciones que pueden suceder.

- **El que espera y el que actúa**

En el camino profesional del estudiante de Derecho existen dos perfiles que, aunque partan de la misma formación académica, terminan con resultados completamente distintos. La diferencia no radica en la inteligencia, ni en los contactos, sino en la decisión de actuar.

EL QUE TOMA PARTIDA Y DECIDE ENTRAR AL CAMPO PROFESIONAL

Este estudiante no espera a tenerlo todo claro ni perfecto. Sabe que no es necesario dominar todas las ramas del Derecho para comenzar. Identifica aquello que ya sabe hacer, aunque sea poco, y lo convierte en su punto de partida.

Se atreve a ofrecer servicios básicos con honestidad y responsabilidad, mientras sigue aprendiendo.

No teme usar la sala de su casa como oficina improvisada, ni imprimir sus propias tarjetas, ni presentarse ante personas para ofrecer su ayuda jurídica. Se mueve, se da a conocer, genera confianza, va desarrollando clientela y experiencia real. Cada trámite, cada consulta, cada error incluso, se convierte en una lección que lo fortalece.

Mientras los demás esperan oportunidades, este estudiante las crea. Y sin darse cuenta, en uno o dos años no solo ha ganado algo de dinero, ha construido una reputación, una red y, lo más importante, una identidad profesional.

EL QUE ESPERA "LA OPORTUNIDAD IDEAL"

Este perfil —muy común— espera terminar la carrera para entonces sí "buscar dónde practicar". Su expectativa es que algún despacho le abra las puertas, pero muchas veces no sabe en qué área quiere especializarse, o no encuentra opciones en lo que verdaderamente le apasiona. Acepta lo que hay o simplemente sigue esperando.

Puede pasar meses sin que lo llamen, o termina como auxiliar en áreas que nunca imaginó ejercer, aprendiendo fragmentos sueltos de procedimientos sin comprender el panorama completo. **Lo peor es que, mientras tanto, no genera ingresos, no genera clientes, no genera seguridad.** Pierde el tiempo más valioso para crecer: los años jóvenes y dinámicos, donde aún puede equivocarse sin que el costo sea alto.

Y cuando quiere reaccionar, descubre que hay otros compañeros —con menos promedio incluso— que ya tienen oficina, clientes y trayectoria. ¿La diferencia? Ellos comenzaron antes. Se atrevieron.

Hoy estás en posición de decidir: ¿esperar el momento ideal o construirlo con lo que ya tienes?

Subestimar la importancia de comunicar tu servicio

Saber Derecho no es suficiente. Debes aprender a explicar tu servicio legal en términos comprensibles para el público. Muchos abogados jóvenes fallan al usar tecnicismos o dar por hecho que el cliente sabe lo que necesita. También hay quienes creen que basta con decir "doy asesorías legales", sin explicar en qué consiste, cómo se cobra o cuál es el beneficio.

Consejo: Enfócate en comunicar con claridad qué problema resuelves, cómo lo haces y qué resultados puede esperar el cliente.

Inseguridad o temor a cobrar

**Cobro de honorarios: equilibrio entre dignidad profesional y contexto social.*

Uno de los mayores desafíos que enfrenta quien inicia su camino como abogado independiente es definir cuánto cobrar por su trabajo.

A diferencia de otras profesiones con tabuladores más rígidos o mercados más estandarizados, en el mundo jurídico el cobro de honorarios depende de múltiples factores, y uno de los más determinantes es el contexto económico del entorno donde ejerces.
Este es uno de los obstáculos más frecuentes, sobre todo al principio. Sentir que no se tiene "derecho" a cobrar porque se es estudiante o recién egresado puede llevarte a regalar tu trabajo constantemente. Si bien es válido ofrecer algunos servicios gratuitos para darte a conocer o para causas sociales, debes aprender desde temprano a valorar tu conocimiento y tu tiempo.

El valor de tu trabajo no cambia, pero sí tu estrategia de cobro
Es importante que como estudiante o egresado entiendas algo fundamental: tu conocimiento jurídico tiene un valor. No cobras por llenar un formato, cobras por saber cuál formato, en qué momento, ante qué autoridad y cómo hacerlo correctamente para que funcione. Lo que vendes es solución jurídica, experiencia y seguridad para tu cliente.
Sin embargo, ese valor no puede desvincularse de la realidad del entorno socioeconómico en el que estás ejerciendo. No es lo mismo montar una oficina en una zona de clase media-alta, donde el cliente espera un servicio formal, detallado y puede pagar por él, que instalarte en una colonia popular, donde las necesidades jurídicas son distintas y el ingreso promedio es más limitado.

ESCENARIOS DE UBICACIÓN Y ESTRATEGIAS DE COBRO

a) Zona de nivel económico bajo

Perfil del cliente: Personas con necesidades legales urgentes (divorcios, pensiones, juicios laborales, asesorías básicas).
Estrategia:

- Ofrecer precios accesibles pero con claridad en los límites del servicio.
- Utilizar esquemas de pagos en parcialidades.
- Ser transparente desde el inicio para evitar malos entendidos.
- Considerar alianzas con gestorías o notarios que también trabajen en ese entorno.
- Ejemplo: "Divorcio por mutuo acuerdo: $2,500 en dos pagos, incluye asesoría y seguimiento. No incluye traslados ni pagos ante Registro Civil."

b) Zona de nivel económico medio

Perfil del cliente: Personas con ingresos estables, trabajadores formales, comerciantes o profesionistas.
Estrategia:

- Establecer honorarios competitivos que reflejen profesionalismo.
- Incluir mayor detalle en los contratos de prestación de servicios.
- Ofrecer alternativas de pago con factura si se requiere.
- Trabajar en tu imagen y presentación para dar confianza.

- Ejemplo: "Juicio ordinario civil (reclamación de pago): $12,000, en tres exhibiciones, contrato por escrito, seguimiento mensual por correo o WhatsApp."

c) Zona de nivel económico alto

Perfil del cliente: Empresarios, profesionistas de alto nivel, inversionistas, extranjeros.

Estrategia:

- Ofrecer atención personalizada, disponibilidad, análisis de riesgos.
- Manejar tarifas por hora o por proyecto, con honorarios de consulta inicial.
- Incluir cláusulas claras sobre honorarios extra, viáticos y representación adicional.
- Ser impecable en tu imagen, comunicación y puntualidad.
- Ejemplo: "Constitución de sociedad + asesoría fiscal inicial: $35,000. Incluye tres sesiones de estrategia, elaboración de estatutos y acompañamiento ante notaría."

Consejo: Diseña esquemas de precios accesibles pero claros. Puedes ofrecer consultas gratuitas la primera vez, pero define tarifas para servicios concretos. Puedes adaptar tus precios, pero no devalúes tu conocimiento. Es válido hacer descuentos o acuerdos en casos especiales, pero siempre deja en claro que lo haces como acto de voluntad y no por falta de valor. Un abogado que cobra poco por miedo o por desesperación proyecta inseguridad. Aprende a distinguir entre cobrar poco por estrategia y cobrar poco por miedo. La dignidad del abogado también se defiende en la forma en que cobra.

NO CONOCER LOS LÍMITES LEGALES DE TU EJERCICIO PROFESIONAL

Un error grave es prestar servicios que legalmente requieren una cédula profesional activa o firma autorizada, cuando aún no se cuenta con esos requisitos. Esto no solo te expone a sanciones legales, sino que puede afectar tu reputación profesional desde el inicio.

Consejo: Trabaja dentro del marco legal. Puedes colaborar, preparar documentos, hacer acompañamientos y brindar orientación básica, pero no firmes ni presentes documentos como abogado titulado si no lo eres aún.

DESCUIDAR LA FORMALIDAD EN EL TRATO CON LOS CLIENTES

Muchas veces, por trabajar desde casa o por atender conocidos, se pierde la formalidad mínima que debe tener cualquier relación cliente-profesionista: tiempos definidos, acuerdos por escrito, seguimiento y documentación.

Consejo: Aunque atiendas desde tu sala, genera un ambiente profesional: cuida tu presentación personal, documenta cada asunto, da seguimiento a tus compromisos y establece límites.

COMPARARTE CON OTROS Y FRUSTRARTE RÁPIDAMENTE

Es común ver en redes sociales a compañeros que parecen estar "triunfando" mientras tú apenas inicias. Esta comparación puede ser muy dañina si no se filtra con sentido crítico: no todos comienzan en las mismas condiciones, y mucho de lo que se muestra no refleja la realidad completa.

Consejo: Concéntrate en tu propio proceso. El crecimiento es individual, y lo importante es avanzar con integridad, no con prisa.

FALTA DE CONSTANCIA O ABANDONO PREMATURO

Muchos proyectos prometedores fracasan simplemente porque no se les dio el tiempo suficiente. Iniciar un modelo jurídico, aunque sea modesto, requiere persistencia: las primeras semanas pueden ser silenciosas, pero si perseveras y mejoras cada detalle, el trabajo empieza a llegar.

Consejo: Establece metas mensuales, revisa tus avances y no abandones tu idea a la primera dificultad. Recuerda que todo abogado exitoso pasó por ese inicio difícil.

Con lo anterior busco darte una mirada honesta pero alentadora: sí, emprender tiene retos, pero ninguno de ellos es más grande que la decisión de construir tu camino con propósito y visión. Los errores no son fracasos si aprendes de ellos; son peldaños que te preparan para una práctica más sólida, ética y comprometida.

"Reconoce tus límites. Saber decir -esto no lo sé, pero lo investigo- es un acto de madurez profesional."
— Néstor Cruz

Capítulo 14

A LA ACCIÓN

Descubriendo los modelos practicos de Negocios Jurídicos para empezar

EJEMPLOS PRÁCTICOS, REALISTAS Y ÉTICOS DE MODELOS DE NEGOCIOS JURÍDICOS

Ahora que hemos visto los elementos básicos de un modelo jurídico y los errores comunes al emprender, es momento de pasar a la acción. Esta sección te ofrece ejemplos prácticos, realistas y éticos de modelos de negocio jurídico que cualquier estudiante o recién egresado puede comenzar a implementar, incluso antes de titularse, respetando los límites legales de su condición profesional. La idea no es que los copies exactamente, sino que los tomes como base para **crear tu propio enfoque,** ajustado a tu contexto, tus habilidades actuales y tu comunidad.

- **Modelo 1: Servicio de divorcios por mutuo acuerdo**

Cliente objetivo: Parejas que desean divorciarse sin conflicto, con acuerdos ya definidos sobre bienes e hijos.
Conocimientos necesarios: Derecho familiar básico, procedimiento ante el Juzgado de lo Familiar, redacción de convenio de divorcio.
Forma de atención: Presencial o virtual, asesoría inicial gratuita, entrega de expediente preparado para revisión.
Ingresos: Cobro por trámite completo o por asesoría de redacción del convenio.
Este modelo es ideal porque es uno de los trámites más simples del Derecho familiar, y puedes colaborar con un abogado titulado para firmar los documentos.

- **Modelo 2: Redacción de contratos civiles y mercantiles simples**

Cliente objetivo: Emprendedores, trabajadores independientes, arrendadores, microempresarios.
Conocimientos necesarios: Obligaciones y contratos, derechos del consumidor, elementos de los contratos civiles y mercantiles.
Forma de atención: Virtual o presencial, con entrega del contrato en formato editable y una sesión explicativa.
Ingresos: Tarifas por contrato redactado o paquetes de documentos.
Este modelo te permite practicar la redacción jurídica clara, algo muy valorado pero poco ofrecido en el mercado tradicional.

- **Modelo 3: Asesoría para trámites legales cotidianos**

Cliente objetivo: Personas con poco acceso a abogados o que enfrentan trámites como corrección de actas, RFC, IMSS, pensiones, entre otros.
Conocimientos necesarios: Trámite administrativo, dependencias públicas locales y estatales, derechos fundamentales.
Forma de atención: Acompañamiento en línea o presencial, explicación paso a paso del trámite, apoyo para llenar formatos.
Ingresos: Honorarios por trámite asistido, consulta previa o paquetes por varios trámites.
Este modelo no requiere firmar documentos legales, por lo que es ideal para estudiantes que quieren comenzar sin riesgos.

- **Modelo 4: Orientación legal para mujeres o poblaciones vulnerables**

Cliente objetivo: Mujeres víctimas de violencia, madres solteras, personas en situación de calle o marginación.
Conocimientos necesarios: Derechos humanos, perspectiva de género, servicios sociales, rutas legales básicas.
Forma de atención: Charlas comunitarias, asesorías gratuitas, vinculación con instituciones públicas.
Ingresos: Este modelo puede gestionarse con donaciones, becas o como parte de un programa social universitario.
Aunque puede no ser lucrativo al inicio, te posiciona como alguien comprometido y te conecta con redes valiosas.

- **Modelo 5: Creación de contenido jurídico accesible**

Cliente objetivo: Público general con dudas legales frecuentes.
Conocimientos necesarios: Buen dominio de temas jurídicos simples y habilidades de comunicación.
Forma de atención: Publicación de videos, infografías, artículos o podcasts.
Ingresos: Monetización en plataformas, patrocinios o uso del contenido como promoción indirecta de tus servicios.
Este modelo es perfecto para estudiantes con habilidades digitales que desean generar autoridad y posicionamiento en línea.

Clave final: No necesitas elegir solo uno

Puedes comenzar con un modelo pequeño y, conforme adquieras experiencia, ir combinando servicios. La clave es no dispersarte demasiado al inicio, sino tener un foco claro y avanzar paso a paso.
Este enfoque práctico no solo te da independencia, también te forma como un profesional más completo, con mentalidad estratégica, sensibilidad social y conciencia ética.

Existe una creencia muy arraigada entre los estudiantes de Derecho: que no se puede hacer nada hasta tener título y cédula en mano. Esta idea, aunque comprensible por la naturaleza regulada del ejercicio profesional, limita profundamente las oportunidades de aprendizaje, desarrollo y posicionamiento que existen durante la etapa estudiantil.

Estos modelos prácticos que señalé hacen cuestionar esa narrativa y presentan estrategias éticas y legales para comenzar a construir una trayectoria profesional sin infringir la ley y sin esperar pasivamente a "graduarte para comenzar".

Tener presente desde ahora que el Derecho no solo se aprende en el aula, sino también en la práctica cotidiana, en la gestión de relaciones, en la creación de soluciones y en el contacto con la gente, es uno de los elementos que puede marcar una diferencia sustancial en tu formación.

No se trata de ejercer como abogado sin título —eso sería incorrecto e incluso sancionable—, pero sí de reconocer que el rol del estudiante de Derecho no es meramente pasivo o teórico.

LA ESPECIALIZACIÓN EN EL DERECHO

El poder de la especialización: elegir un rumbo claro en el mundo jurídico

Uno de los errores más comunes que se repiten en los primeros años de ejercicio profesional —y que muchos estudiantes comienzan a arrastrar desde la universidad— es querer abarcarlo todo: ser penalistas, civilistas, laboralistas, fiscalistas y asesores empresariales al mismo tiempo. Esta tentación de convertirse en "todólogos del Derecho" suele responder más al miedo, a la incertidumbre o a la necesidad inmediata de ingresos, que a una estrategia profesional pensada a largo plazo.

¿POR QUÉ ESPECIALIZARTE?

Especializarte en una sola rama del Derecho no te limita, te enfoca. En un mercado cada vez más competitivo, el cliente no busca al abogado que "más cosas hace", sino al que mejor resuelve el problema que tiene. Y mientras tú quieres abarcar todos los tipos de juicio posibles, hay colegas que se están volviendo expertos en una sola cosa, y lo están haciendo tan bien, que en poco tiempo se vuelven referencia en su comunidad.

Especializarte significa:

- Dominar a profundidad una rama.
- Saber interpretar mejor las normas y jurisprudencia específicas.
- Identificar oportunidades de litigio o solución que un generalista no ve.
- Convertirte en "el abogado de confianza" para ese tipo de casos.

BENEFICIOS DE LA ESPECIALIZACIÓN

- **Mayor confianza del cliente:** Quien enfrenta un juicio familiar preferirá a alguien que se dedique solo a Derecho Familiar y no a quien también litiga laborales y amparos.

- **Mejor posicionamiento en el mercado:** Puedes construir una marca personal más clara ("Abogada de divorcios", "Despacho de Derecho Administrativo", "Consultoría fiscal para emprendedores", etc.).
- **Mayor eficiencia:** El conocimiento profundo reduce errores, mejora tus tiempos de respuesta y te permite ofrecer servicios de mayor valor agregado.
- **Mejores ingresos:** Un especialista puede cobrar más, porque su servicio vale más. No se trata de hacer más cosas, sino de hacer una sola cosa mejor que nadie.
- **Mayor satisfacción profesional:** Te sentirás más seguro, más capaz y más respetado en tu entorno cuando dominas tu campo.

RIESGOS DE QUERER ABARCAR TODO

- Pierdes tiempo aprendiendo cosas que no se conectan entre sí.
- No construyes una reputación clara ni en la academia ni en la práctica.
- Te desgastas y te frustras por no ver resultados reales.
- No fidelizas clientela, porque quienes acuden a ti no te ven como especialista.
- Tomas casos que no comprendes a fondo, lo cual puede traer consecuencias éticas y legales.

> **"Querer ser abogado de todo es terminar siendo experto en nada, y quien no destaca en algo no es recordado por nadie."**

¿Y CÓMO ELEGIR TU ESPECIALIDAD?

Durante tu etapa estudiantil, observa:

1. ¿Qué materias te apasionan?
2. ¿Con qué tipo de personas te gusta trabajar?
3. ¿Qué problemas sociales o económicos te gustaría resolver con tu conocimiento?
4. ¿Hay alguna rama donde ya estés teniendo tus primeros casos?

Ejemplo realista: Si ya atendiste dos o tres divorcios de conocidos y te gustó el proceso, ¿por qué no te especializas en Derecho Familiar? Invierte en libros, cursos, incluso sigue cuentas de jueces o tribunales en esa área. Construye tu camino desde ahí.

Especializarte no significa que jamás podrás tomar un caso de otro tipo, pero sí quiere decir que vas a construir tu identidad profesional con enfoque, claridad y estrategia. Y eso es algo que muy pocos hacen, incluso después de egresados.

"Asesorar no es resolverlo todo, sino guiar con responsabilidad."
— Néstor Cruz

Capítulo 15

ENTRANDO EN MATERIA

Aspectos generales en el campo laboral

¿QUÉ ES UNA ASESORÍA LEGAL Y POR QUÉ ES TAN IMPORTANTE APRENDER A BRINDARLA CORRECTAMENTE?

Una asesoría legal no es solo una conversación con alguien que tiene un problema jurídico. Es un acto de orientación profesional, en el que una persona acude a ti buscando claridad, soluciones y, muchas veces, consuelo frente a una situación que le resulta desconocida, injusta o preocupante. Por ello, aprender a dar una asesoría correcta desde la etapa estudiantil no es opcional: es fundamental.

¿QUÉ IMPLICA REALMENTE ASESORAR?

Asesorar jurídicamente no es simplemente "dar tu opinión" sobre un caso, ni mucho menos dictar lo que alguien debe hacer. Implica, en primer lugar, escuchar con atención, identificar el problema jurídico real detrás del relato del cliente y, con base en tus conocimientos —por básicos que sean—, ofrecer información útil, veraz y prudente.

Incluso si no puedes llevar el asunto por no tener aún tu cédula profesional, sí puedes ofrecer una primera orientación, aclarar conceptos legales, canalizar adecuadamente o incluso advertir sobre posibles riesgos.

LA ETAPA DE ESTUDIANTE: UN LABORATORIO REAL

Durante la carrera, muchos estudiantes esperan hasta el último semestre para involucrarse con la práctica. Pero el campo de la asesoría puede —y debería— ser una escuela paralela, donde apliques lo que aprendes en clase en contextos reales (con acompañamiento, por supuesto).

Puedes comenzar, por ejemplo, asesorando a familiares, vecinos o compañeros sobre temas simples como:

- ¿Qué pasa si alguien quiere rentar sin contrato?
- ¿Cómo redactar una carta poder?
- ¿Qué hacer si recibes una notificación del juzgado?

No se trata de actuar como abogado titulado, sino de **formarte en la escucha activa,** el análisis práctico y la comunicación clara, algo que los libros no enseñan por sí solos.

Tal vez deberías preguntarte algo, ya sea que vayas comenzando la carrera, te encuentres a la mitad de ella o por finalizarla:
¿Qué tanto sientes la emoción de verte a ti mismo asesorando a personas?
¿Es algo que te entusiasme, que te coman las ganas por comenzar a realizar?
Podría continuar con algunas preguntas más, pero te diré algo: si después de haber tomado el tiempo para responder estas dos simples preguntas consideras que no tienes el menor gusto, no lo ves como algo emocionante, o simplemente te es indiferente, entonces creo que deberías analizar muy bien el camino que estás llevando.
Realmente considero que cuando algo te apasiona, te gusta, haces cuanto puedas por lograr eso, buscas, indagas, preguntas, le das su debido tiempo, todo para lograr saber o conocer a fondo aquello que realmente te motiva.
Recuerdo mis años de estudiante. ¡Vaya que etapa se vive! Lo cierto es que a esa edad, por la que transcurren los años de la universidad, es una etapa crucial en el desarrollo próximo de la vida. Ahora lo pienso y creo, sin lugar a dudas, que mi gusto por el Derecho, mi sueño de convertirme en abogado, hacía que me pusiera a leer sobre la ley. Aún me veo leyendo a diario el Código Civil, y la razón de ello es que, si lo piensas del modo que yo, conocer lo que refiere el Código Civil para el caso de un abogado civilista es asegurar, en un 80%, una correcta asesoría. El otro 20% tal vez con la ayuda de jurisprudencias al respecto. Con ello, tendrás la seguridad en ti mismo que necesitas para creerte capaz de dar la asesoría que debes dar. Creo que eso fue lo que en mí dio pauta a poner un escritorio y sillas en la sala de la casa de mis padres para comenzar a asesorar, precisamente un año antes de terminar la licenciatura, una carrera que en ese momento tenía una duración de cinco años.

RIESGOS DE ASESORAR SIN PREPARACIÓN

Muchos errores serios en la vida profesional comienzan con malos hábitos adquiridos desde que uno está estudiando. Por eso es vital tener presente lo siguiente:

- No toda consulta debe responderse inmediatamente.
- No pierdas tu credibilidad dando una respuesta apresurada. Toma tu tiempo. Cuando no estás segur@ de lo que tienes que responder, con toda calma puedes manifestar al cliente que no quieres dar una respuesta no acertada, manifiesta que tienes cierta duda al respecto por algunas contradicciones que has visto, sugiere que analizarás bien el tema y que, en todo caso, le contactarás para darle una respuesta segura.

Como abogado, vas a darte cuenta de muchas cuestiones que clientes o personas a quienes puedes llegar a demandar harán comentarios tipo: "mi abogado dice que…", "así no son las cosas…", "se equivoca, la ley dice…". Son momentos en los que realmente puedes dudar o simplemente ver que si lo que dice realmente lo dijo su abogado, cosas que pueden ser absurdas o realmente difíciles de creer que hayan venido de algún abogado.

En definitiva, resulta más perjudicial responder con algo de lo que no tienes plena seguridad a manifestar que revisarás bien el tema y darás tu opinión.

Nunca prometas resultados ni minimices la gravedad de un caso.
Algo que debes tener muy en cuenta al momento de tomar un posible caso, sea cual sea, es que no prometas el resultado, no asegures que ya lo tienes ganado, así se trate de una jurisdicción voluntaria. No asegures el resultado; finalmente, es precisamente obtener el mejor resultado y lo que se espera es que darás lo mejor de ti para lograrlo. Así que es suficiente con comentar a tu cliente que harás todo lo mejor posible y que probablemente obtendrán lo que buscan, que solo pueden dar las pruebas adecuadas, razones y mejores motivos para asegurar un juicio exitoso.

Pues, a pesar de creer que tienes algo seguro, también puede pasar algo que no contabas o esperabas, lo que podría llevarte una gran sorpresa. Por eso es mejor asegurar que se hará todo lo posible y al alcance de uno, que asegurar fehacientemente el éxito del juicio.

Evita caer en el terreno del "yo creo que se puede" sin tener certeza.

Siempre hacer lo correcto será lo mejor, te lo garantizo. No imaginas las dificultades que puede llegar a pasar un abogado por su mala conducta o mal actuar. Por ello solo puedo decirte y asegurar que haciendo siempre lo correcto, actuando siempre con honradez, obtendrás buenos resultados.

En este sentido, asegúrate de que después de haber analizado el asunto que algún cliente quiera entregarte, cuentes con la capacidad y lo necesario para poder llevar ese asunto.

Habrá también asuntos que, una vez analizados, no habrá manera de poder hacer algo; donde, por más que se le busque la falla, será un asunto perdido, sin salida. En estos casos, limítate a manifestar tu punto de vista, explicando los motivos o razones por las que consideras que es un asunto que no tiene remedio, e igualmente, si consideras prudente, manifiesta que cualquier abogado que le diga lo contrario muy posiblemente solo busca perjudicarlo más.

Algo muy común en mi desarrollo profesional era cuando llegaban clientes con documentos (pagarés) solicitando mi ayuda para cobrarlos, y yo hacía la siguiente pregunta:

¿El deudor dónde vive? ¿Crees que tenga bienes suficientes para cubrir el adeudo?

En este sentido, si el cliente sabía la situación que se le indicaba, podría ahorrar tiempo y dinero. De tal forma que, si respondía "solamente tiene el colchón en el que duerme", no tenía caso demandar a una persona insolvente, alguien que no cuenta con bienes suficientes que puedan garantizar el adeudo y gastos erogados.

En este supuesto, hazle ver al cliente que no lo recomiendas por el gasto que le generaría contratarte y demás gastos que se puedan generar, sabiendo que no podrá embargarse algo que garantice el pago del adeudo.

LO QUE SE ENTRENA DESDE AHORA

Cuando comienzas a asesorar de forma responsable, desarrollas:

- Confianza en tus habilidades jurídicas.
- Disciplina para investigar y argumentar.
- Claridad para explicar Derecho a personas no juristas.
- Conciencia del impacto que tus palabras pueden tener en la vida de alguien.

Finalizando con el tema que nos ocupa, date cuenta de que la asesoría es el primer contacto entre tu formación académica y la vida real del Derecho, y por eso es una de las mejores maneras de empezar a consolidarte como jurista desde el aula.

"El cliente no es una interrupción de nuestro trabajo, es el propósito del mismo."
— *Mahatma Gandhi*

Capitulo 16

EL TRATO CON EL CLIENTE

La comunicación no es solo lo que dices, sino cómo lo haces.

COMUNICACIÓN, LENGUAJE Y CREACIÓN DE CONFIANZA

Una gran parte del trabajo jurídico no se gana en tribunales ni se resuelve en códigos, sino en la relación que el profesional establece con las personas que confían en su orientación legal. Aprender a tratar con el cliente —ya sea como estudiante, pasante o abogado en formación— es tan crucial como dominar una figura procesal.
El cliente no siempre entiende el Derecho, pero siempre entiende el trato.
Ahora abordemos 5 puntos claros sobre cómo desarrollar habilidades de comunicación efectiva, cómo ganarse la confianza de quien acude por ayuda y cómo evitar errores comunes en la interacción con personas que, además de un problema legal, muchas veces llegan con estrés, miedo o confusión.

1.- Habla en lenguaje claro (sin dejar de ser técnico).
Uno de los errores más comunes entre estudiantes es querer demostrar cuánto saben hablando "jurídicamente". Palabras como interdicto, acción reivindicatoria, nulidad relativa o usucapión pueden sonar sofisticadas, pero si el cliente no las comprende, no hay comunicación real.

La clave está en traducir el Derecho sin perder precisión.

Ejemplo:
En lugar de decir "usted puede promover un juicio ordinario civil por nulidad de contrato por vicios del consentimiento", podrías decir:
"Hay una forma legal de pedir que ese contrato se anule porque usted fue engañado, y para eso se presenta una demanda explicando por qué no fue justo."
Tu capacidad de explicar lo complejo de forma sencilla es una de tus herramientas más poderosas.

2.- Escucha primero, luego analiza.
Muchos estudiantes cometen el error de interrumpir al cliente o de emitir juicios apresurados sin dejar que termine de contar su versión.

Escuchar activamente implica:

- Prestar atención al relato, sin distracciones.
- Tomar notas breves para no interrumpir con preguntas innecesarias.
- Identificar emociones y preocupaciones más allá de los datos.

Recuerda: **quien acude a ti no solo trae un problema legal, trae una historia personal.**

3.- Haz preguntas estratégicas y respetuosas.

Una buena asesoría no es un interrogatorio. Pero sí debes saber hacer preguntas que te ayuden a entender con precisión la situación.

Consejos:

- Sé directo pero respetuoso: evita juicios o comentarios sarcásticos.
- Pide documentos con tacto, si es necesario: "¿Tendrá alguna copia del contrato o la notificación que le llegó?"
- No supongas lo que no te han dicho: muchas veces los detalles más importantes no están en el primer relato.

4.- Genera confianza sin caer en el paternalismo.

Generar confianza no significa volverse amigo del cliente ni hablarle como si no pudiera entender nada. Implica:

- Ser honesto, pero empático.
- Mostrar seguridad sin arrogancia.
- Mantener una actitud profesional y receptiva.

Ejemplo de confianza profesional:

"Voy a revisar bien este caso y, con base en lo que se puede aplicar, le daré mi opinión más responsable. Si hay algo que yo no pueda atender directamente, con gusto le orientaré para canalizarlo con un profesional adecuado."

5.- Establece límites desde el inicio.

Un error común es permitir que el cliente asuma que estarás disponible "siempre" o que la asesoría incluye otros servicios sin que se haya aclarado.

Desde el inicio, establece con claridad:

- El alcance de la asesoría (solo orientación, análisis documental, etc.).
- Los tiempos de respuesta (si llevarás el asunto después, bajo qué condiciones).
- Los costos (si aplica), y la forma de entrega de cualquier documento.

Esto evita malentendidos y refuerza tu imagen de profesional serio, incluso si aún eres estudiante.

Toma en cuenta que el trato con el cliente no es un tema "suave" o accesorio. Es un pilar de tu futuro profesional. Puedes ser un gran jurista en lo técnico, pero si no sabes comunicarte con claridad, generar confianza o establecer límites, tu carrera se verá limitada. Aprende desde ahora a escuchar, hablar con claridad, ser honesto, respetuoso y directo. Porque, al final del día, más allá de los códigos, el Derecho se ejerce con personas.

"La organización es la clave para transformar el caos en resultados."
— Peter Drucker

Capítulo 17

ADMINISTRACIÓN LEGAL

La organización en los negocios

ADMINISTRACIÓN DE ASUNTOS JURÍDICOS: HERRAMIENTAS PRÁCTICAS PARA ORGANIZAR TU TRABAJO

La asesoría no termina cuando concluyes una conversación con el cliente. En realidad, es ahí donde comienza la responsabilidad profesional de administrar el asunto que te han confiado. Saber gestionar casos, plazos, documentos, comunicaciones y compromisos es una habilidad crucial —y poco enseñada— en las facultades de Derecho.

En esta sección encontrarás recomendaciones prácticas para organizar tu trabajo legal, aun siendo estudiante o pasante, con un enfoque profesional, ético y funcional.

Recomendación 1: Lleva un registro organizado de cada asunto.

Aunque al inicio solo tengas uno o dos asuntos, debes crear desde ya una metodología para organizarlos. Esta es una práctica que te acompañará durante toda tu carrera.

Puedes usar herramientas tan simples como una libreta o tan avanzadas como un CRM legal (software de gestión de clientes), pero lo importante es incluir:

- Nombre del cliente y datos de contacto.
- Fecha de la asesoría inicial.
- Resumen del problema jurídico.
- Documentos recibidos y entregados.
- Compromisos asumidos y fechas clave.
- Notas adicionales.

Esto evita olvidos, refuerza tu credibilidad y te permite actuar con responsabilidad.

Recomendación 2: Agenda fechas límite y recordatorios de seguimiento.

Uno de los errores más comunes es dejar pasar plazos procesales o compromisos con el cliente. Para evitarlo, acostúmbrate a agendar:

- Fechas de vencimiento de documentos.
- Citas para seguimiento.

- Recordatorios para responder correos o llamadas.
- Tiempos de entrega de escritos o análisis.

Puedes usar Google Calendar, agendas físicas o aplicaciones como Trello, Notion o Todoist. Lo importante no es la herramienta, sino el hábito.

Recomendación 3: Clasifica y respalda documentos con cuidado.
Aunque se trate de un solo contrato o una consulta informal, cada documento es valioso. Aprende desde ahora a:

- Guardar digital y físicamente todos los documentos.
- Escanear y etiquetar archivos con nombres claros (por ejemplo: "Contrato_Arrendamiento_JuanPerez_2024.pdf").
- Hacer respaldos periódicos en la nube (Google Drive, Dropbox, etc.).
- Esto no solo te facilita el trabajo, sino que **demuestra profesionalismo en cada detalle.**

Recomendación 4: Mantén comunicación regular y clara con tus clientes.
El cliente necesita saber que su asunto está siendo atendido. No esperes a que te busquen: **toma la iniciativa de informar los avances o aclarar retrasos,** por ejemplo:

- "Le informo que ya terminé el análisis del documento, y estoy redactando un borrador que podrá revisar el próximo lunes."
- "Aún no hemos recibido respuesta del juzgado; en cuanto tengamos novedades se las haré llegar."

Este tipo de mensajes fortalece tu relación profesional y previene conflictos.

Recomendación 5: Establece una rutina personal de revisión y evaluación.
Dedica al menos una vez por semana para revisar todos los asuntos activos. Pregúntate:

- ¿Qué se ha avanzado?
- ¿Qué está pendiente?
- ¿Qué necesita seguimiento?
- ¿Hay algo que olvidé comunicar?
- Hazlo como un hábito semanal de control profesional, incluso si aún eres estudiante. Te aseguro que esto te distinguirá de la mayoría.

Administrar correctamente los asuntos no es una tarea aburrida o secundaria: es una señal clara de responsabilidad y vocación. Muchos problemas en el ejercicio del Derecho no vienen de ignorar la ley, sino de olvidar un detalle o incumplir un plazo.

Formarte desde ahora en una disciplina organizativa y de seguimiento es invertir en una carrera mucho más sólida, ordenada y confiable.

HONORARIOS PROFESIONALES.

Cómo Hablar de Dinero con Ética y Sin Miedo

Uno de los temas más sensibles —y muchas veces evitados— por estudiantes y abogados jóvenes es el de los honorarios. Existe un tabú que rodea el "cobrar", como si hablar de dinero desvirtuara el ejercicio del Derecho. Pero la verdad es simple y contundente: el servicio legal tiene un valor, y cobrar por él no solo es legítimo, sino necesario para la dignidad de la profesión.

En esta sección te daré **5 puntos clave** con los que aprenderás a entender los honorarios no como un obstáculo, sino como una parte natural del trabajo jurídico. Vamos a quitarle el miedo al tema y dotarte de herramientas para hablar de dinero con ética, claridad y seguridad.

1.-El primer error: no saber cuánto cobrar.

Uno de los errores más comunes entre estudiantes o recién egresados es no tener una base para determinar sus honorarios. Algunos cobran de más sin fundamentos, y otros de menos por miedo o desconocimiento.

Consejos para fijar tus primeros honorarios:

- Investiga: conoce los tabuladores del colegio de abogados de tu estado (por ejemplo, el Colegio de Abogados de Guanajuato publica referencias).
- Valora el tipo de servicio: no es lo mismo una consulta inicial que redactar una demanda.
- Considera tu experiencia, tiempo invertido, complejidad del caso y el valor para el cliente.
- Ten claro un mínimo aceptable y no lo cruces. De lo contrario, estarás trabajando en tu contra.

No cobres "lo que te den" ni digas "lo que usted quiera aportar". Eso devalúa tu profesión y envía un mensaje de inseguridad.

2.- La ética en el cobro: ni abusos ni altruismo forzado.

Cobrar caro sin justificación puede ser abusivo; no cobrar nada por pena o "ayudar" puede llevarte al agotamiento y frustración.

La ética del cobro consiste en:

- Ser justo contigo y con el cliente.
- Ser claro desde el principio (no dar sorpresas).
- Evitar prácticas opacas (como "dar precio al final" o condicionar la atención a pagos urgentes sin explicación).
- Emitir recibos, fichas o acuerdos por escrito siempre que sea posible, aunque seas estudiante.

Una fórmula honesta puede ser:

"Este servicio tiene un costo de $______, lo cual incluye la asesoría completa, el análisis documental y, en su caso, la redacción del escrito. Puedo explicarle cómo se compone si gusta."

3.- Formaliza acuerdos: palabra firme y documento claro.

Incluso si estás comenzando, acostúmbrate a dejar constancia de los acuerdos de honorarios. Esto evita confusiones o malos entendidos.

Puedes elaborar un documento simple con:

- Nombre del cliente.
- Servicio que se brindará.
- Monto acordado y forma de pago.
- Firma de ambas partes (si es posible).

También puedes enviar estos acuerdos por mensaje o correo, dejando constancia digital. Es señal de profesionalismo, incluso si trabajas desde casa.

4.-Aprende a cobrar sin temor ni vergüenza.

Muchos estudiantes sienten incomodidad al pedir un pago. Para superar esa barrera emocional:

Recuerda que estás ofreciendo un servicio valioso.

Habla del tema desde el inicio, con naturalidad, como parte del proceso.

Ten claridad sobre tus tiempos de pago y condiciones: mitad al inicio, todo al final, por etapas, etc.

Y, sobre todo: no tengas miedo de decir que no cuando el cliente no quiere pagar lo justo. Saber rechazar un asunto mal pagado es una forma de respeto profesional.

5.- ¿Y si no quieren pagar? Prevención y gestión.

Algunos consejos:

Nunca entregues el producto final (demanda, escrito, contrato, etc.) sin antes haber acordado y recibido el pago correspondiente.

Si el cliente pide "una pruebita", establece el límite con respeto.

Mantén comunicación constante y profesional. La evasión viene muchas veces de la falta de claridad.

En caso de conflicto, si tienes evidencia de los acuerdos, será más fácil resolverlo —incluso de forma legal, si llega a tanto.

Hablar de honorarios es hablar de tu sustento, tu valor profesional y tu tiempo. No temas cobrar, pero aprende a hacerlo con preparación, con ética y con dignidad. El cliente que respeta tu trabajo no solo pagará, sino que te recomendará. Y el cliente que solo busca lo gratis no es un cliente, es un desgaste.

ASPECTOS CLAVE PARA ESTUDIANTES EN PRÁCTICA: CONFIDENCIALIDAD, LÍMITES Y CONSEJOS ESENCIALES

El inicio de tu práctica profesional, incluso antes de titularte, puede traer consigo muchos aprendizajes, pero también ciertos riesgos si no te preparas para asumirlos con madurez. Esta sección incluye reflexiones y recomendaciones prácticas que te ayudarán a no comprometer tu ética, tu estabilidad personal y tu reputación en esta etapa inicial.

CONFIDENCIALIDAD: LO QUE EL CLIENTE TE DIGA, SE QUEDA CONTIGO.

Uno de los pilares del ejercicio jurídico —y una de las primeras obligaciones éticas del abogado— es guardar la confidencialidad de los asuntos que te son confiados.

Aunque aún no tengas cédula o estés practicando de forma informal, tienes la misma responsabilidad profesional y moral de proteger la información:

- Nunca comentes casos con personas ajenas.
- Evita mencionar nombres, detalles o situaciones específicas que puedan identificar a alguien.
- Si compartes casos como ejemplo académico, hazlo de forma anónima y respetuosa.
- La confianza del cliente comienza con su percepción de discreción. Y una sola imprudencia puede afectar tu reputación de forma irreversible.

Establece límites: no todo se puede ni todo se debe hacer.

Cuando comienzas a atender personas, puede que sientas la presión de querer resolver todo. Pero debes aprender que:

- No todos los casos están dentro de tus capacidades actuales. Sé honesto con lo que puedes y no puedes hacer.
- No asumas casos que no comprendes solo por no decir "no sé". Es mejor referirlos o pedir apoyo.
- No prometas resultados (como "le aseguro que va a ganar") porque ningún abogado puede garantizar el fallo de un juzgado.
- Uno de los signos más claros de madurez profesional es la capacidad de decir: "Esto no lo sé hacer aún, pero buscaré la asesoría adecuada." La arrogancia de pretender saberlo todo desde el inicio no solo es peligrosa para ti, sino para tus clientes. Y en el ejercicio legal, los errores tienen consecuencias reales.
- Tener la humildad de consultar, investigar, pedir apoyo o incluso declinar un caso es una muestra de ética, no de debilidad. Nadie comienza siendo experto. Pero todos los expertos comenzaron sabiendo poco, con la diferencia de que no fingieron saberlo todo: aprendieron mientras caminaban.

También deberás aprender a poner límites con clientes que:

- Quieren atención a toda hora.
- No respetan los acuerdos.
- Pretenden involucrarte en actos irregulares.
- Una postura firme, clara y respetuosa te ahorrará muchos dolores de cabeza.

Consejos generales para estudiantes que ya atienden asuntos

Consulta siempre que tengas duda. No estás solo: busca un mentor, acércate a abogados con experiencia, participa en foros académicos o jurídicos.

El Derecho es vasto, complejo y está en constante evolución. Intentar memorizarlo todo o pretender entenderlo a la primera es una receta para la frustración.

La primera y más importante regla es aceptar que es normal tener dudas. Lejos de ser un signo de debilidad o falta de inteligencia, preguntar demuestra:

- Curiosidad intelectual: Muestra tu deseo genuino de comprender a fondo.
- Proactividad: No te quedas con la incertidumbre, buscas activamente la solución.
- Pensamiento crítico: Has analizado algo lo suficiente como para identificar un punto ciego o una contradicción.

¿Qué consultar? Desde la interpretación de un artículo de ley, la aplicación de un principio jurídico, la correcta redacción de un documento, hasta las implicaciones éticas de un caso. Absolutamente todo es válido para ser consultado.

No estás solo: rompiendo el aislamiento académico

La carrera de Derecho puede ser solitaria si te encierras en los libros. Sin embargo, la realidad es que el ecosistema jurídico es colaborativo por naturaleza. Entender esto es clave:

- El Derecho se construye en comunidad: Las leyes se interpretan, debaten y aplican en conjunto. Los jueces, abogados, fiscales y académicos interactúan constantemente.
- Diversidad de perspectivas: Lo que para ti es una duda, para otro puede ser una especialidad o un enfoque distinto que te abre la mente.
- Reducción de la carga emocional: Compartir tus inquietudes con otros que han pasado por lo mismo reduce el estrés y la sensación de agobio.

Busca un mentor: el guía experimentado

Un mentor es una figura invaluable en cualquier etapa de la carrera profesional, y en Derecho, su impacto es aún mayor. No es solo alguien que te da respuestas, sino alguien que te guía, comparte su experiencia y te inspira.

¿Quién puede ser un mentor? Un profesor que admires, un abogado con experiencia en un área que te interese, un exalumno exitoso de tu universidad, o incluso un profesional que conoces a través de un familiar o amigo.

¿Qué te puede ofrecer un mentor?

- Claridad en tu carrera: Te ayuda a definir tus intereses y a entender las diferentes ramas del Derecho.
- Consejos prácticos: Va más allá de la teoría. Te hablará de la realidad del ejercicio profesional, los desafíos y las recompensas.
- Oportunidades de networking: Te puede presentar a otras personas clave en la industria.
- Retroalimentación constructiva: Te ayudará a pulir tus habilidades y a identificar áreas de mejora.
- Apoyo emocional: La carrera puede ser exigente; un mentor puede ofrecerte perspectiva y aliento.

¿Cómo encontrar uno?
Sé proactivo. Acércate a personas que admires, exprésales tu interés en su trayectoria y pregúntales si estarían dispuestos a tener una conversación ocasional. La relación de mentoría se construye con el tiempo y el respeto mutuo.

Lee cada documento antes de firmar o entregar
Muchas fallas vienen de actuar con prisa o sin comprender lo que se está gestionando.
Este consejo no se limita a documentos legales complejos. Incluye cualquier cosa: un correo electrónico profesional, un borrador de un escrito, un contrato de prácticas, una solicitud de beca, o incluso un mensaje en un grupo de estudio.

- Evita errores costosos: Un error tipográfico, una fecha incorrecta, un nombre mal escrito o una referencia legal equivocada pueden tener consecuencias graves. En Derecho, un descuido menor puede invalidar un documento, retrasar un proceso judicial o incluso acarrear responsabilidades profesionales.
- Comprende lo que respaldas: Al firmar un documento, estás dando tu consentimiento y asumiendo una responsabilidad legal por su contenido. Si no lo lees, estás firmando "a ciegas", lo cual es una imprudencia imperdonable en el ámbito legal.
- Asegura la coherencia: A menudo, los documentos legales son parte de un expediente o un proceso más grande. Leer te permite asegurar que la información es consistente con otros documentos y con la estrategia global del caso.
- Detecta discrepancias o cláusulas desfavorables: Antes de que un documento salga de tus manos (o si es para ti, antes de que lo firmes), la lectura minuciosa te permite identificar cualquier cláusula que no te beneficie, que sea ambigua o que contenga condiciones ocultas. Esto te da la oportunidad de negociar, corregir o simplemente rechazar el documento.
- Protege tu reputación profesional: Presentar documentos con errores, inconsistencias o sin una comprensión profunda de su contenido erosionará tu credibilidad y la confianza que tus clientes, profesores o futuros empleadores depositen en ti.

Muchas fallas vienen de actuar con prisa o sin comprender lo que se está gestionando
Este punto es el corazón del problema y explica por qué la lectura atenta es tan vital. La prisa y la falta de comprensión son los mayores enemigos de la precisión en el Derecho.
La prisa mata la precisión:

- Presión del tiempo: En la vida académica y profesional siempre hay plazos. Sin embargo, sucumbir a la presión y entregar algo sin revisar es un riesgo que no puedes permitirte. Es mejor entregar algo de calidad un poco más tarde (si es posible negociar el plazo) que algo con errores.

- Falsa sensación de eficiencia: "Despachar" rápidamente un documento puede parecer eficiente a corto plazo, pero si eso lleva a errores, el tiempo que tardarás en corregirlos (o el daño que causarán) será mucho mayor.
- El estrés del estudiante: Es común sentirse abrumado con la carga académica. Sin embargo, desarrollar el hábito de la revisión exhaustiva desde ahora te servirá para toda tu carrera.

La falta de comprensión conduce a errores de fondo:

- Asumir en lugar de entender: Es fácil asumir que un documento dice lo que esperas que diga o que una cláusula significa lo que crees. En Derecho, las interpretaciones pueden ser muy específicas y técnicas.
- Vocabulario técnico: El lenguaje jurídico es preciso y a menudo usa términos que tienen un significado diferente al del lenguaje común. No comprender estos términos es un error garrafal.
- Contexto legal: Cada documento existe dentro de un marco legal más amplio (leyes, reglamentos, jurisprudencia). Si no comprendes ese contexto, no podrás evaluar correctamente el documento.
- Consecuencias inesperadas: Firmar o entregar algo sin comprender plenamente sus implicaciones puede llevar a consecuencias legales o profesionales que nunca anticipaste.

Cómo desarrollar el hábito de la lectura detallada:

- Crea una lista de verificación (checklist): Para los tipos de documentos que manejas con frecuencia (ej. escritos, contratos), crea una lista de puntos clave a revisar antes de firmar o enviar.
- Lee en voz alta: Esto a menudo te ayuda a identificar frases con mala redacción, errores gramaticales o inconsistencias que podrías pasar por alto al leer solo con los ojos.
- Tómate un descanso: Si has estado trabajando en un documento durante mucho tiempo, tómate un descanso antes de la revisión final. Volver a leerlo con una mente fresca te ayudará a ver errores.
- Usa herramientas tecnológicas: Correctores ortográficos y gramaticales (aunque no sustituyen la revisión humana) y software de gestión documental que alertan sobre campos incompletos.
- Busca una segunda opinión (si es posible): Antes de entregar algo crítico, si el tiempo lo permite, pide a un compañero, mentor o supervisor que lo revise. Una segunda vista puede detectar errores que tú no viste.
- Pregunta si algo no está claro: Si hay alguna frase, término o cláusula que no entiendes, pregunta. Consulta a tus profesores, colegas o investiga en fuentes confiables. Nunca firmes ni entregues algo que no comprendes a cabalidad.

En el mundo del Derecho, la diligencia es una virtud cardinal. Desarrollar el hábito de leer y comprender a fondo cada documento es una inversión invaluable en tu futura carrera profesional y en tu reputación.

Es el primer paso para minimizar riesgos y asegurar que tu trabajo sea siempre de la más alta calidad.
No te comprometas con prisas. Evalúa cada caso, aunque parezca sencillo. Lo que inicia como un "contrato básico" puede ocultar complicaciones legales.

Cuida tu presentación y lenguaje
Tu imagen profesional empieza por cómo te comunicas, en persona o en línea.
Este consejo es vital para cualquier estudiante o profesional, pero en el campo del Derecho, la presentación y el lenguaje no son solo una cuestión de etiqueta; son herramientas poderosas que definen tu credibilidad, tu autoridad y la percepción que otros tienen de ti.
Tu imagen profesional es tu tarjeta de presentación constante, ya sea que estés en una entrevista, presentando un caso, interactuando en redes sociales o simplemente enviando un correo electrónico.

Lenguaje corporal y modales:

- Postura: Mantente erguido, proyectando seguridad.
- Contacto visual: Mantén un contacto visual apropiado para demostrar interés y honestidad.
- Gestos: Utiliza gestos controlados y evita tics nerviosos.
- Apretón de manos: Firme y seguro, pero no excesivamente fuerte.
- Escucha activa: Demuestra que estás prestando atención asintiendo, tomando notas y haciendo preguntas pertinentes. La capacidad de escuchar es tan importante como la de hablar.
- Puntualidad: Llegar a tiempo (o incluso unos minutos antes) a reuniones, clases o citas demuestra respeto por el tiempo de los demás y tu profesionalismo.

El lenguaje: tus palabras, tu voz y tu mensaje
Cómo te comunicas verbalmente y por escrito es un reflejo directo de tu nivel de pensamiento, tu capacidad de análisis y tu dominio del Derecho.

Precisión y claridad

- **Vocabulario jurídico:** Utiliza los términos jurídicos con precisión. Un mal uso puede cambiar el sentido de un argumento o documento. Sin embargo, evita la jerga innecesaria cuando te dirijas a audiencias no expertas (clientes, público general).
- **Claridad en la expresión:** Sé conciso y directo. Evita rodeos o frases demasiado complejas. El objetivo es que tu mensaje sea comprendido sin ambigüedades.
- **Argumentación lógica:** Estructura tus argumentos de forma coherente y lógica, tanto oralmente como por escrito.

- **Tono y registro:** Formalidad adecuada: Adapta tu lenguaje al contexto. Sé formal en entornos académicos y profesionales, pero puedes ser más cercano en interacciones informales (siempre manteniendo el respeto).
- **Tono persuasivo (cuando sea necesario):** Aprende a modular tu voz, a usar pausas y a enfatizar palabras para persuadir y convencer.
- **Evita las muletillas:** "Este...", "eh...", "bueno..." restan profesionalismo. Practica hablar con fluidez y confianza.

Comunicación escrita (fundamental en Derecho)

- **Ortografía y gramática impecables:** No hay excusa para errores ortográficos o gramaticales en documentos legales, correos electrónicos o publicaciones. Son un signo de negligencia.
- **Redacción clara y concisa:** Aprende a redactar escritos judiciales, contratos, informes y correos electrónicos de manera efectiva. Esto significa:
    - -Párrafos cortos y estructurados.
    - -Uso adecuado de puntuación.
    - -Frases directas y sin ambigüedades.
    - -Referencias correctas y citaciones precisas.
- **Correo electrónico profesional:** Siempre incluye un saludo y despedida apropiados, un asunto claro y un tono respetuoso. Revisa antes de enviar.

Comunicación online (redes sociales, foros)

- **Coherencia con tu marca personal:** Lo que publicas y cómo te expresas en línea debe ser coherente con la imagen profesional que quieres proyectar. Evita comentarios impulsivos o publicaciones que puedan ser malinterpretadas o que comprometan tu futura carrera.
- **Interacción constructiva:** Participa en debates de manera respetuosa y fundamentada. Demuestra tu conocimiento, no tu agresividad.

Nunca improvises frente al cliente. Si no sabes, puedes decir: ***"Necesito revisar el asunto con calma y te doy respuesta clara mañana."*** Eso es profesional.

Este capítulo ha tenido como propósito abrirte los ojos a una parte fundamental de tu formación profesional: **la asesoría legal ética**, el trato digno al cliente, la gestión responsable de los asuntos y el cobro justo y profesional por tu trabajo.

Ser estudiante no te excluye de actuar con responsabilidad; te da la oportunidad de prepararte desde ahora para ejercer con grandeza. Los errores del inicio no se evitan ocultándote, sino aprendiendo. Y cada paso, por pequeño que parezca, puede marcar la diferencia entre "intentar ser abogado" y convertirte realmente en uno.

*"La estrategia sin táctica es el camino más lento hacia la victoria.
La táctica sin estrategia es el ruido antes de la derrota"*
— Sun Tzu

Capítulo 18

CAPTAR TUS PRIMERO CLIENTES

Estrategias del negocio

Uno de los mayores retos para quien decide emprender como abogado —sobre todo desde la etapa estudiantil o como recién egresado— es lograr que alguien confíe en sus servicios. Este capítulo tiene como objetivo brindarte herramientas y estrategias claras para atraer a tus primeros clientes de forma honesta, sin caer en prácticas contrarias a la ética, y aprovechando al máximo los recursos que ya tienes a tu alcance, cinco claves que te ayudarán en el proceso.

COMPRENDE LO QUE VENDES: NO SON TÍTULOS, SON SOLUCIONES

Tu primer paso no es diseñar tarjetas ni crear una página de Facebook: es entender que no vendes diplomas, ni tecnicismos, ni tu promedio de la universidad. Lo que vendes es una solución legal útil, comprensible y accesible para una persona que tiene un problema.

Hazte estas preguntas clave:

- ¿Qué necesidades legales sé resolver con claridad?
- ¿A quién le sirve eso que sé hacer?
- ¿Cómo puedo explicarlo sin lenguaje complicado?

Por ejemplo, si sabes llevar un divorcio por mutuo acuerdo o tramitar testamentos, enfócate en comunicar eso. Tu primer cliente no busca "un abogado brillante", sino alguien que le resuelva una situación de manera clara, segura y accesible.

EMPIEZA DONDE ESTÁS: APROVECHA TU ENTORNO INMEDIATO

Tus primeros clientes casi siempre vienen de tu entorno cercano:

- Familiares, amigos, vecinos, conocidos de redes sociales.
- Referencias de tus compañeros, docentes o clientes satisfechos.

No subestimes el poder de tu círculo cercano. Hazles saber que ya estás atendiendo ciertos trámites y que pueden contar contigo.

Consejo práctico:

Elabora una lista de 10 a 15 personas de confianza y cuéntales personalmente (no solo por redes) qué servicios ofreces. Diles que estás comenzando y que pueden recomendarte si alguien lo necesita.

Importante: nunca los presiones ni generes culpa. Esto no es vender por insistencia, es comunicar de forma natural lo que haces.

LA PRESENTACIÓN IMPORTA: PROYECTA CONFIANZA SIN OFICINA LUJOSA

No necesitas una oficina grande o un despacho lleno de diplomas para dar una buena impresión, pero sí necesitas orden, claridad y actitud profesional:

Cuida tu imagen en redes: evita que tu perfil personal esté mezclado con contenido inadecuado.

Si atiendes desde casa, crea un espacio ordenado y digno.

Ten a la mano un formato de contrato de prestación de servicios o un recibo simple (aunque no sea obligatorio, genera confianza).

Practica tu forma de explicar el servicio, tus precios y los pasos del trámite.

Recuerda: lo que proyectas no depende del lugar donde trabajes, sino de cómo comunicas tu valor.

USA TUS REDES SOCIALES CON ESTRATEGIA Y ÉTICA

Hoy en día, muchas personas buscan asesoría legal desde su celular. Las redes sociales pueden ser tus aliadas si las usas con inteligencia:

- Crea una página o perfil profesional (no mezcles tu vida personal).
- Publica contenido útil: "¿Qué hacer si quiero divorciarme por mutuo acuerdo?", "¿Cuánto cuesta hacer un testamento?", etc.
- Sé constante, responde con respeto y no prometas lo que no puedes cumplir.

Evita estas malas prácticas:

- Anunciar "ganas garantizadas".
- Copiar contenido sin verificar o sin dar crédito.
- Ridiculizar casos o clientes.
- Competir por precio como si fuera una feria: el enfoque debe ser el valor, no el descuento.

Una red social no sustituye tu trabajo, pero puede ser una gran puerta de entrada para mostrar lo que haces.

CONSTRUYE TU REPUTACIÓN DESDE EL PRIMER CASO

Cada cliente atendido, por más sencillo que sea el trámite, es una oportunidad para crear reputación. Cumple tus tiempos, mantén informado al cliente, habla claro y, si puedes, entrega por escrito lo que hiciste.

Pide retroalimentación y, si fue una experiencia positiva, pregunta si estarían dispuestos a recomendarte.

La recomendación boca a boca es la publicidad más poderosa en el ejercicio jurídico.

Captar tus primeros clientes es un desafío que se gana con confianza, paciencia y claridad. No necesitas tener todo resuelto ni competir con grandes despachos; solo necesitas algo valioso que ofrecer, y eso empieza por saber comunicarlo y cumplirlo.

Recuerda: no se trata de "venderte" como si fueras un producto, sino de mostrar que puedes ayudar de manera ética, seria y humana. El cliente que llegue por confianza y se quede por tu trabajo te abrirá muchas más puertas que el que solo buscaba al más barato.

Te aseguro que, conduciéndote adecuadamente conforme a la ética profesional y una buena actitud de servicio, llegarán esos momentos gratificantes en los que llega un cliente desconocido y te menciona que te recomendó tal persona, y así el escuchar una y otra vez estas palabras, no solo te darán momentos gratificantes sino seguridad de que estás haciendo un buen trabajo.

Saber trabajar en equipo: clave del crecimiento profesional

La independencia no significa aislamiento. Un abogado que emprende debe aprender a trabajar con otros: notarios, gestores, contadores, psicólogos, peritos, y por supuesto, otros colegas abogados. El trabajo colaborativo no solo amplía tus capacidades, sino que eleva la calidad de los servicios que prestas.

Además, generar alianzas estratégicas con colegas puede permitirte:

- Derivar asuntos que no dominas y recibir casos que otros no desean manejar.
- Consultar dudas específicas en áreas fuera de tu experiencia.
- Aprender de casos reales con supervisión ética.

"No es la carga lo que te rompe, sino la forma en que la llevas."
— Lou Holtz

Capítulo 19

GESTIÓN DEL TIEMPO

Clave para maximizar la eficiencia, reducir el estrés y alcanzar el éxito académico y profesional.

Tenemos muchas cosas por hacer y muy poco tiempo por delante; esto nos resulta frustrante y estresante, además de que nos impide alcanzar nuestros objetivos. Pero piensa: ¿crees que la gente de éxito, las personas con riqueza, tienen más tiempo que quienes no han alcanzado el éxito o tienen recursos limitados? No lo creo. En ambos casos, todos cuentan con el mismo tiempo. Así es: 24 horas al día, para todos, ricos o pobres; disfrutamos de las mismas horas. Entonces, ¿qué sucede? Bien, lo que marca la diferencia entre unos y otros es la gestión del tiempo. Es necesario aprender a gestionarlo (por muy limitado que sea) de forma ordenada y eficaz.

La gestión del tiempo es un pilar fundamental en la formación de un estudiante de Derecho, pues la carrera demanda un alto nivel de análisis, lectura y preparación para debates y exámenes. Organizar eficientemente el tiempo permite equilibrar el estudio con otras actividades esenciales, como el desarrollo de habilidades de argumentación, la investigación jurídica y la participación en prácticas profesionales. Además, una administración adecuada del tiempo ayuda a reducir el estrés, mejorar la concentración y optimizar el aprendizaje, lo que facilita el desarrollo de una mentalidad crítica y disciplinada, indispensable para el ejercicio de la profesión.

Un estudiante que domina la gestión del tiempo no solo mejora su rendimiento académico, sino que también se prepara para la rigurosidad y exigencias del mundo jurídico. El tiempo es el recurso más democrático: todos disponemos de las mismas 24 horas al día. Sin embargo, su administración marca la diferencia entre un estudiante agobiado por los pendientes y uno que avanza estratégicamente hacia su consolidación como profesional del Derecho.

Las cosas no tienen que ser así, con esa sensación de desbordamiento absoluto. Tanto si acabas de incorporarte al mundo laboral como si ya cuentas con una gran experiencia profesional, pero arrastras un problema de gestión del tiempo, puedes aprender a priorizar, planificar, optimizar y ajustar tus horarios en función de los objetivos que te hayas (o te hayan) marcado. La capacidad organizativa no tiene por qué estar en tu ADN; es una habilidad que se aprende y se perfecciona con tiempo, práctica y disciplina suficientes.

Aprender a:

- Evaluar cómo inviertes tu tiempo en el día a día para descubrir dónde y cuándo lo malgastas.
- Identificar tus objetivos para orientar tu esfuerzo hacia ellos.
- Reorganizar el tiempo para priorizar tu trabajo y las metas clave para ti y tu empresa.
- Superar los obstáculos que te impiden hacer lo que deberías estar haciendo.

En este apartado quiero mostrarte en 4 claves, la importancia de administrar tu tiempo con mentalidad profesional, con el fin de equilibrar tu formación académica, tus primeras prácticas jurídicas, tu preparación para litigar o asesorar, y tus primeros pasos como emprendedor jurídico.

1. LA MENTALIDAD DEL ABOGADO INDEPENDIENTE

Un profesionista del Derecho no solo estudia: también gestiona casos, clientes, proyectos, plazos, citas y su reputación profesional. Por eso, desde la universidad, es indispensable:

- Pensarte como gestor de tu propio "despacho académico".
- Identificar tus "actividades clave": estudiar, trabajar, preparar casos, atender personas, elaborar contenido.
- Usar herramientas que te acerquen a prácticas reales de gestión del tiempo profesional.

2. DIAGNÓSTICO: ¿EN QUÉ SE TE VA EL TIEMPO?

Un ejercicio inicial:

- Bitácora semanal: durante 7 días, registra cada 30 minutos lo que haces. Incluye clase, estudio, redes sociales, comida, traslados, lectura, sueño.
- Clasificación: al final de la semana, divide tus actividades en:
    - Productivas (A): estudio, asesorías, práctica jurídica, redacción.
    - Neutras (B): traslados, descanso, comida.
    - Dispersas (C): redes sociales sin propósito, procrastinación.

Este diagnóstico será tu punto de partida para rediseñar tu agenda.

3. HERRAMIENTAS JURÍDICAS PARA GESTIONAR EL TIEMPO

Estas herramientas, comunes en la práctica profesional, también aplican al estudiante:

a) Agenda jurídica semanal

Divide tu semana por bloques (mañana / tarde / noche) y asigna horarios a:

- Estudio profundo de materias clave.
- Tiempo para lectura jurisprudencial y análisis práctico.
- Consultas o asesorías simuladas.
- Creación de contenido jurídico (ensayos, posts, resúmenes).
- Networking o entrevistas con abogados.

b) Calendario de plazos y entregas

Usa herramientas como Google Calendar o Notion para:

- Visualizar fechas de entrega académica y simulacros de casos.
- Integrar alertas con tiempos reales de entrega (como si fuesen términos procesales).

c) Técnica Pomodoro

Ideal para el estudio intenso:

- 25 minutos de estudio, 5 minutos de descanso.
- Tras 4 ciclos, 30 minutos de descanso mayor.
- Simula la presión de una audiencia breve.

d) Tareas tipo despacho

Divide grandes tareas en subtareas:

Ejemplo: Elaborar demanda simulada

- Leer el caso (30 min).
- Identificar hechos relevantes (20 min).
- Investigar base jurídica (45 min).
- Redactar hechos, peticiones y pruebas (90 min).

Esto imita la forma en que se trabaja en la vida real.

4. TIEMPO PARA EMPRENDER EN DERECHO

Para construir una marca jurídica, captar clientes o generar ingresos, necesitas tiempo exclusivo para:

- Crear contenido jurídico para redes (1 hora semanal).
- Planear servicios legales accesibles para tu comunidad (1 hora cada 15 días).
- Asistir a eventos jurídicos o ferias profesionales.
- Diseñar estrategias para captar clientes desde la universidad.

Pensar como jurista, actuar como estratega

Los grandes abogados no solo son buenos en Derecho: también dominan el arte de planear, priorizar y decidir a qué decir “no”. La gestión del tiempo es parte de la ética profesional: si no cumples con los plazos, el cliente no recibe justicia. Apréndelo desde ahora.

Define tus objetivos

Antes de empezar el seguimiento de tus actividades, identifica la razón por la cual estás haciendo este ejercicio. ¿Cuál es tu objetivo? ¿Qué te lleva a tratar de mejorar tu gestión del tiempo? Esta pregunta quizá te parezca demasiado simple para dedicarle tiempo —al fin y al cabo, tienes muy poco—, pero es de vital importancia, porque la respuesta que des determinará tu esfuerzo y servirá también como indicador de tu éxito. Si sabes adónde te diriges, es mucho más fácil imaginar cómo llegar.

"El arte de ganar dinero está en aprender a administrarlo."
— André Kostolany

Capítulo 20

EDUCACIÓN FINANCIERA

La clave oculta del éxito profesional en el medio jurídico.

La **educación financiera** es el conjunto de conocimientos y habilidades que permiten a una persona administrar, invertir y proteger su dinero de manera efectiva. Su objetivo es ayudar a tomar decisiones informadas sobre ingresos, gastos, ahorro, inversión y manejo de riesgos, promoviendo la estabilidad económica y el crecimiento patrimonial.

LA ASIGNATURA PENDIENTE EN LA FORMACIÓN DEL ABOGADO INDEPENDIENTE

Una materia que rara vez se incluye en los planes de estudio universitarios: la educación financiera. Esta ausencia deja a muchos profesionistas independientes en una posición vulnerable, enfrentando retos económicos que podrían evitarse con una formación adecuada en el manejo de las finanzas. Permite al profesionista independiente entender conceptos esenciales como administración del flujo de efectivo, planeación tributaria, inversión inteligente y protección patrimonial. Al conocer estos temas, el abogado puede optimizar sus ingresos, evitar errores financieros costosos y planificar un futuro económico estable.

Un abogado preparado financieramente no solo fortalece su estabilidad económica, sino que también mejora la calidad de su servicio. La educación jurídica es indispensable, pero complementarla con conocimientos financieros puede marcar la diferencia entre el éxito y la incertidumbre en la carrera del profesionista independiente. Ante la falta de formación financiera en las universidades, la iniciativa personal se vuelve el mejor aliado para construir un futuro sólido.

ESTABILIDAD ECONÓMICA Y CRECIMIENTO PROFESIONAL

Los abogados suelen enfrentar ingresos variables, lo que hace imprescindible una gestión eficiente del dinero. Sin conocimientos financieros, pueden caer en ciclos de inestabilidad económica que afectan su desempeño y bienestar. Aprender sobre finanzas permite establecer estrategias para ahorrar, invertir y crecer profesionalmente con seguridad.

Administración inteligente del negocio
Para los abogados que tienen su propio despacho, conocer de finanzas es esencial. Desde la fijación de honorarios hasta la administración de costos operativos, entender el flujo de efectivo, los impuestos y la rentabilidad del negocio permite tomar decisiones estratégicas que aseguren su éxito a largo plazo.

Prevención de problemas legales y fiscales
Un manejo deficiente de las finanzas puede llevar a problemas tributarios, deudas innecesarias y falta de planificación para el retiro. Con educación financiera, los abogados pueden evitar errores como el incumplimiento de pagos de impuestos o la falta de ahorro para emergencias.

Desarrollo de habilidades de negociación y asesoría
Los abogados con conocimientos financieros tienen una ventaja adicional: pueden asesorar mejor a sus clientes en asuntos relacionados con contratos, inversiones y planificación financiera. Además, la educación financiera fortalece su capacidad de negociación en casos legales que involucran aspectos económicos.

Independencia y seguridad a largo plazo
Muchos abogados dependen de sus habilidades técnicas, pero desconocen cómo convertirlas en estabilidad financiera. Aprender sobre inversiones, seguros, jubilación y ahorro les permite diseñar un futuro más seguro sin depender de terceros.

ASPECTOS CLAVE DE LA EDUCACIÓN FINANCIERA:

- Presupuesto y control de gastos: saber cómo distribuir los ingresos para cubrir necesidades, ahorrar y evitar deudas innecesarias.
- Ahorro e inversión: conocer estrategias para hacer crecer el dinero, desde cuentas de ahorro hasta inversiones en bienes raíces o el mercado financiero.
- Planeación para el retiro: prepararse económicamente para el futuro mediante fondos de jubilación y estrategias de inversión a largo plazo.
- Manejo de deudas y créditos: entender cómo funcionan los préstamos, tarjetas de crédito e intereses para evitar problemas financieros.
- Fiscalidad y obligaciones tributarias: conocer cómo cumplir con los impuestos de manera eficiente y legal.

¿CÓMO ADQUIRIR EDUCACIÓN FINANCIERA?

Dado que la universidad no suele proporcionar esta formación, es clave que los abogados busquen alternativas:

- Cursos y diplomados en finanzas personales y empresariales.
- Asesoría profesional de contadores y expertos financieros.
- Lectura y autoaprendizaje con libros, blogs y podcasts especializados en economía y finanzas.

- Redes de profesionistas que compartan experiencias y estrategias sobre gestión financiera.

Este libro ha sido proyectado no solamente para ser leído, sino para ser experimentado. Nada sucederá si te dedicas a leer como si fuera un libro más y luego lo dejas en la estantería para pasar al siguiente libro de tu lista. Esto es lo que hace la mayoría de la gente, pero tú no eres parte de la mayoría; tú quieres ser quien has venido a ser, quien marca la diferencia y rompe con lo tradicional.

Un solo concepto de los que hayas leído tiene la capacidad de cambiarte la vida para siempre; siempre y cuando pagues un precio: ¡lo apliques! Para aplicarlo, debes aprenderlo, y se aprende mediante la experiencia. Solo la experiencia te dará el conocimiento. Recuerda que lo que ves lo olvidas, lo que escuchas lo recuerdas, pero lo que haces entonces lo aprendes, lo sabes. Y más allá, no se trata de lo que sabes, se trata de lo que haces con lo que sabes.

Haz que tu vida cuente, y que cuando todo haya pasado mires atrás con certeza, seguridad y entusiasmo, sabiendo que has hecho todo lo que podías y que no te dejaste llevar por la pereza, el miedo o las excusas.

Tómate tu tiempo para reflexionar sobre cada uno de los puntos aquí expuestos, compáralos con tu vida actual, mira si tiene sentido para ti. Este libro está escrito para estimular tu mente, darle una dirección y aprovechar así ese poder que la mayoría de las personas desperdicia en pensamientos intermitentes y sin propósito alguno.

"El derecho no es algo que se nos da, sino algo que hacemos."
— Oliver Wendell Holmes Jr., juez del Tribunal Supremo de EE. UU.

Capítulo 21

AUTOAYUDA

Todos los cambios ocurren cuando comenzamos a tomar decisiones

1.- DECISIONES

Estas son las tres decisiones que has de controlar:

- Decidir en qué te enfocas.
- Decidir qué significa para ti cada cosa.
- Decidir qué hacer para crear aquello que deseas.

Puedes cambiar tus decisiones con dolor o con placer.

Esta frase tiene un gran impacto porque plantea una verdad fundamental sobre la toma de decisiones: el cambio es inevitable, pero la manera en que lo enfrentamos es una elección. Puedes ajustar el rumbo de tu vida desde un lugar de sufrimiento, aprendiendo a través de la adversidad, o desde un lugar de gozo, impulsado por motivación y disfrute.

Ambas vías tienen su propósito. A veces, el dolor nos obliga a movernos cuando nos hemos quedado atrapados en la comodidad, mientras que el placer nos inspira a seguir avanzando con entusiasmo. La clave está en cómo interpretamos y utilizamos estas experiencias para tomar decisiones más alineadas con nuestro bienestar.

La capacidad de tomar decisiones es uno de los factores más determinantes en la vida de una persona. Al final, cada elección que hacemos —grande o pequeña— nos acerca o nos aleja de lo que queremos lograr. Algunas decisiones nos impulsan hacia adelante, nos retan y nos transforman, mientras que otras pueden frenarnos, ya sea por miedo, incertidumbre o comodidad.

Lo interesante es que, aunque algunas decisiones pueden parecer definitivas, siempre tenemos el poder de ajustarlas, replantearlas o incluso tomar un nuevo rumbo si es necesario. Saber cuándo avanzar y cuándo detenerse es lo que marca la diferencia entre una vida llena de crecimiento y una llena de arrepentimientos.

Ejercicios

Decisiones vitales:

- Apunta en un papel la decisión que sabes que has de tomar, pero que por X motivos nunca llevas a cabo (por ejemplo, apuntarte a un gimnasio o empezar una dieta).
- Haz una lista de todos los beneficios placenteros que obtendrás una vez realices esa decisión y visualiza cómo te sentirás de bien al haberlo hecho.

Decisiones diarias:
Para micro-decisiones diarias, utilizaremos un anclaje más directo.

- Combina la decisión que sabes que debes tomar, pero que no realizas, con una actividad que te produzca placer, como por ejemplo escuchar música, ir al cine, leer tu libro favorito, etc.
- Asocia esa decisión costosa —como ir al gimnasio, cerrar la contabilidad de tu empresa o hacer los deberes— a tu recompensa placentera, que solo podrás obtener una vez cumplas la decisión costosa; de esta forma, asociarás la nueva decisión a un placer antiguo.

2.- CREENCIAS

> **"Tus únicas limitaciones las has impuesto tú."**
> — Napoleón Hill

Recuerda que las creencias no son reales ni inquebrantables y puedes cambiarlas asociándolas a placer o a dolor, igual que las decisiones.
Las creencias no son verdades absolutas, sino construcciones mentales que hemos formado a lo largo del tiempo a partir de experiencias, educación y emociones. Muchas veces pensamos que nuestras creencias son inamovibles, pero la realidad es que pueden evolucionar y transformarse si cambiamos la manera en que las asociamos con emociones como el placer o el dolor.
Si una creencia te limita o te impide avanzar, puedes desafiarla y reemplazarla por otra que te impulse. Por ejemplo, alguien que cree "no soy bueno hablando en público" puede reprogramarse si empieza a asociar la idea de expresarse con confianza con experiencias positivas en lugar de miedo. De la misma manera en que tomamos decisiones basadas en el dolor o el placer, nuestras creencias pueden reajustarse con nuevas asociaciones emocionales.
Algunas creencias limitantes suelen convertirse en adagios populares que muchas veces adoptamos como si fueran fórmulas infalibles de sabiduría, pero que no son más que ideas erradas que no nos dejan progresar. Dichos como "perro viejo no aprende nuevos trucos" o "árbol que nace torcido jamás su tronco endereza" popularizan dos ideas equivocadas y absurdas: buscan hacernos creer que existe una edad después de la cual es imposible aprender algo nuevo, o que hay ciertos hábitos o comportamientos imposibles de cambiar. Estas dos ideas no solo nos restan poder, sino que terminan por enceguecernos ante la grandeza de nuestra propia capacidad de aprender y cambiar.
Lo más curioso acerca de esta clase de adagios es que muy pocas veces cuestionamos la supuesta sabiduría que encierran. Asumimos que si se han convertido en adagios populares, debe ser porque guardan una profunda verdad. No obstante, en muchas ocasiones, lo que los ha convertido en dichos populares es el ser creencias compartidas por un gran número de personas.

Por ejemplo, ¿te has preguntado si los siguientes refranes encierran alguna verdad, o si solo son creencias que oportunamente utilizamos para justificar una situación de conformismo que parece afectar a muchos?

- Es mejor malo conocido que bueno por conocer.
- Unos nacen con buena estrella y otros nacimos estrellados.
- Lo importante no es ganar o perder sino haber tomado parte en el juego.

La clave está en cuestionarlas, analizarlas y decidir si realmente nos sirven en nuestro crecimiento. Así que, antes de apresurarte a utilizar cualquiera de estas supuestas "joyas de la sabiduría popular", asegúrate de no estar perpetuando en tu vida aquellas creencias limitantes que lo único que están logrando es hacer más llevadero el conformismo. Después de todo, recuerda que mal de muchos... consuelo de tontos.

Ahora bien, las creencias limitantes más comunes, y que peores resultados traen a nuestras vidas, son las falsas creencias sobre lo que podemos o no hacer y lograr en nuestra vida; limitaciones que nosotros mismos nos encargamos de adoptar sobre nuestras propias capacidades, talentos y habilidades. Por ejemplo, si en tu mente ronda la creencia de que no podrás lograr éxito en la vida porque no tuviste la fortuna de haber asistido a la escuela, con seguridad esta idea gobernará tu vida, tus expectativas, decisiones, metas y manera de actuar. Esta falsa creencia se convertirá en un programa mental que, desde lo más profundo de tu subconsciente, regirá todas tus acciones.

¿Ves? Tus creencias determinan tus expectativas, tus expectativas influyen en tu manera de actuar, y tu manera de actuar determina los resultados que obtendrás en tu vida. Las creencias limitantes generan bajas expectativas que producen pobres resultados. ¿Te das cuenta del peligro que representan estas creencias limitantes?

Ejercicios

Evalúa tus creencias actuales. Sé sincero contigo mismo y apunta tus creencias alrededor de los siguientes temas:

- Tu futuro
- Tu carrera potencial
- Las oportunidades que la vida te muestra
- Tus relaciones
- Tus finanzas
- Tu salud

Empieza cada frase con ***"Yo creo que..."***. Un ejemplo sería, para la primera: ***"Yo creo que mi futuro va a ser inspirador, ya que voy a ayudar a miles de personas a cambiar sus vidas a través del conocimiento."***

Una vez tengas tus creencias apuntadas para cada área, analiza qué connotación tienen: ¿positiva o negativa?

Una creencia negativa es aquella que te limita; si encuentras una, modifica la frase y adóptala como tu nueva creencia. Una buena estrategia es imprimir tus nuevas creencias positivas y potenciadoras y colgarlas en tu pared.

Recuerda que siempre serás lo que creas ser. Si crees que puedes triunfar, seguramente lo harás. Si crees que no triunfarás, ya has perdido. Es tu decisión.

3.- JUSTIFICACIONES

El hábito de justificar: una trampa invisible para el futuro abogado

En la formación jurídica y en el ejercicio del Derecho, la capacidad de argumentar es un recurso fundamental. Sin embargo, existe una línea muy delgada entre argumentar para construir soluciones y justificar para evitar responsabilidades. Esta última —la justificación como mecanismo de evasión— representa un obstáculo silencioso que paraliza el crecimiento profesional.

Muchas veces, cuando un estudiante no entrega una tarea, no se presenta a una audiencia simulada, no busca clientes, no se atreve a ofrecer sus servicios o no inicia su proyecto jurídico, lo primero que hace es justificar su inacción: "no tuve tiempo", "me faltan conocimientos", "no tengo dinero", "el sistema no ayuda", "nadie me enseña". Estas frases, aunque pueden tener algo de verdad, terminan generando una peligrosa sensación de tranquilidad: la idea de que está bien no hacer nada porque hay una buena razón para ello.

El problema con las justificaciones no es que sean falsas, sino que nos impiden actuar. Mientras podamos justificar algo, no nos veremos en la necesidad de remediarlo. Y eso, en un entorno profesional competitivo y exigente como el mundo jurídico, es letal.

Un estudiante que quiere destacarse como asesor jurídico independiente no puede vivir justificando su falta de experiencia o recursos. Tiene que buscar cómo adquirir esa experiencia, cómo generar valor con lo que tiene hoy. Un futuro litigante no puede justificar su desconocimiento de los trámites judiciales: debe buscar acercarse a los juzgados, observar audiencias, hablar con profesionales en ejercicio. Un aspirante a emprendedor jurídico no puede justificarse diciendo que no sabe vender: tiene que aprender, practicar y corregir.

Las justificaciones generan inacción, y la inacción genera estancamiento.

¿Qué hacer en lugar de justificarse?

- Asumir responsabilidad activa: cambia la pregunta "¿por qué no lo hice?" por "¿qué puedo hacer ahora para avanzar?"
- Convertir obstáculos en tareas: si el problema es la falta de conocimiento, estudia. Si el problema es el miedo a hablar con un cliente, entrena.
- Adoptar una mentalidad profesional desde la escuela: en el ejercicio jurídico nadie paga por excusas, sino por resultados. Comienza a practicar desde ahora esa lógica.
- Cultivar la autocrítica constructiva: no se trata de culparse, sino de asumir que siempre hay algo que sí puedes hacer, por pequeño que sea.

Ejercicio práctico para reflexión

Redacta una lista con tus tres justificaciones más frecuentes (por ejemplo: "no tengo tiempo", "no tengo experiencia", "me falta seguridad"). Luego, convierte cada una en una acción concreta que puedas realizar esta semana para superarla.

Te muestro ahora cómo, en un conjunto de microcasos comparativos o escenas breves y contrastadas, se muestra cómo la justificación detiene el avance, mientras que la acción – aunque imperfecta – abre camino.

CASO 1: "No tengo experiencia"

El que se justifica:

Luis, estudiante de 7.º semestre, recibe una invitación para colaborar en un proyecto jurídico gratuito. Responde: "Gracias, pero no tengo experiencia. No quiero quedar mal."

Resultado: No participa. Se convence de que aún no está listo. Pasa un semestre más sin práctica.

El que actúa:

Camila, misma situación. Piensa: "No tengo experiencia… justo por eso debo hacerlo." Se involucra, pregunta, investiga, se equivoca… y aprende.

Resultado: Adquiere habilidades reales, gana confianza, y su nombre empieza a circular en redes jurídicas estudiantiles.

CASO 2: "No tengo tiempo"

El que se justifica:

Daniel está saturado con clases y trabajos, y decide no asistir a una conferencia gratuita sobre "cómo conseguir tus primeros clientes". Dice: "Quisiera, pero no tengo tiempo."

Resultado: Pierde la oportunidad de conectar con profesionales y estudiantes en su misma situación.

El que actúa:

Fernanda revisa su semana, pospone una salida y asiste a la conferencia. Apunta consejos, hace networking y se lleva 3 ideas que aplica en su primer servicio de asesoría.

Resultado: Aumenta su red de contactos y pone en marcha un servicio legal para estudiantes.

CASO 3: "No sé cómo empezar"

El que se justifica:

Antonio quiere ofrecer asesorías jurídicas, pero dice: "No sé cómo armar una publicación. No tengo logo, no sé cobrar…"

Resultado: Espera a que todo esté perfecto. Nunca publica. Nunca empieza.

El que actúa:

Sofía escribe un mensaje simple: "Soy estudiante de Derecho, puedo ayudarte a revisar un contrato o una demanda. Contáctame por DM." Lo publica en sus historias.

Resultado: Tres amigos le escriben. Hace su primera asesoría. Con cada una mejora su forma de presentarse.

"EL CARÁCTER DEL ABOGADO: ¿NACE O SE CONSTRUYE?"

Respondamos primero: ¿qué es el carácter del abogado? ¿Se nace con él? ¿O puede desarrollarse?

Este apartado responde con firmeza: el carácter se forma, se entrena, se fortalece.

Y es responsabilidad del estudiante comenzar esa construcción desde el primer semestre, no cuando ya está enfrentando casos reales o decisiones éticamente complejas.

El carácter del abogado no es solo su "personalidad". Se refiere a un conjunto de valores, actitudes y hábitos que le permiten enfrentar los retos de su práctica con integridad, claridad y fortaleza.

Las dimensiones clave del carácter jurídico son:

- Integridad: coherencia entre lo que se dice y lo que se hace.
- Responsabilidad: asumir consecuencias, cumplir compromisos, no buscar excusas.
- Coraje moral: decir lo correcto, aunque sea incómodo o impopular.
- Disciplina: actuar con constancia, preparación y autocontrol.
- Resiliencia: capacidad de sobreponerse a errores, rechazos y fracasos.
- Empatía profesional: tratar al cliente como ser humano, no como expediente.

¿El carácter es innato?

No. Se moldea con el tiempo, a partir de experiencias, elecciones, errores y aprendizaje.

Cada caso difícil, cada injusticia presenciada, cada presión del sistema es una oportunidad para reforzar o ceder en el carácter.

Lo importante es entender que no basta con "ser buena persona".

Ser abogado exige una fortaleza ética activa. No solo evitar hacer el mal, sino tener la fuerza para hacer lo correcto en contextos adversos.

¿CÓMO SE CONSTRUYE EL CARÁCTER DEL ABOGADO? ESTRATEGIAS PRÁCTICAS

1. Exponerse a la práctica real (aunque sea desde lo pequeño)

- Asistir a audiencias como observador.
- Acompañar a un abogado mentor.
- Participar en asesorías universitarias gratuitas.

El carácter no se forja solo en el aula. Se forma en el contacto con el sufrimiento humano, con los abusos del poder, con la toma de decisiones reales.

2. Hacer ejercicios éticos desde la formación

- Plantearse dilemas reales: ¿Qué harías si tu cliente te pide ocultar algo? ¿Qué harías si sabes que puedes ganar aprovechando una omisión del contrario?
- No responder lo que está "en la ley", sino lo que está en juego desde lo humano.

3. Cuidar el lenguaje y la actitud

- Hablar con respeto, incluso frente a quien ataca.
- No usar el sarcasmo ni la humillación como recurso de defensa.
- No presumir de "ganar" como si se tratara de un juego: el Derecho no es un ring, es un instrumento de transformación social.

4. Rodearse de referentes éticos

- Leer biografías de grandes juristas.
- Buscar modelos de ejercicio profesional honorable.
- Dialogar con profesores, jueces o defensores públicos comprometidos.

5. Llevar un diario de decisiones jurídicas

Una herramienta poderosa para los estudiantes es escribir cada semana una decisión o pensamiento que enfrentaron éticamente.

Ejemplo: *"Hoy en la asesoría un cliente me pidió un consejo que podía afectarlo sin darse cuenta. Le advertí con claridad. No me pagó, pero me fui tranquilo."*

- Esto fortalece el músculo ético.

El carácter también se cuida

No basta con formarlo: hay que protegerlo. El cinismo, la corrupción sistémica, el desprecio por el Derecho pueden contaminar al abogado joven si no está alerta. Cuida tu carácter como cuidas tu salud:

- No te rodees solo de colegas que normalizan prácticas sucias.
- No celebres a quien "gana haciendo trampa".
- No pierdas el sentido de por qué estudiaste Derecho: no fue solo para ganar, fue para servir con dignidad.

El carácter es tu verdadero título

Puedes tener la mejor calificación, el diploma más brillante y el discurso más elocuente. Pero si no tienes carácter, todo eso se desmorona cuando llega la presión.

Por eso, en la construcción de tu carrera jurídica, no solo estudies leyes: constrúyete a ti mismo.

Hazte abogado con la convicción de que la justicia empieza en tus decisiones diarias, incluso cuando nadie te observa.

Construye tu destino

Ficha práctica: Mejora tu comunicación como futuro abogado

Nombre del estudiante:	
Fecha:	

1.- Autoevaluación inicial

Marca con una ✓ lo que consideres que describes bien de ti actualmente al comunicarte:

☐ Explico con claridad lo que quiero decir
☐ Sé escuchar sin interrumpir
☐ Puedo resumir un tema jurídico para alguien sin formación legal
☐ Escribo correos, mensajes o documentos con redacción clara
☐ Me siento cómodo hablando en público
☐ Evito muletillas y palabras innecesarias
☐ Sé identificar si alguien no me está entendiendo

2.- Reflexiona y responde

¿Cuál ha sido una situación reciente donde tu forma de comunicarte te ayudó (o te afectó) en lo académico o profesional?

¿Qué aspectos específicos de tu comunicación te gustaría mejorar?

3. Compromisos de mejora

Elige al menos tres acciones que puedas empezar a practicar desde hoy:

- ☐ Leer en voz alta 10 minutos diarios para mejorar fluidez
- ☐ Practicar explicar conceptos jurídicos en lenguaje sencillo
- ☐ Grabarme hablando para corregir muletillas
- ☐ Escribir un mini artículo semanal sobre temas legales
- ☐ Pedir retroalimentación cuando exponga o argumente
- ☐ Escuchar activamente sin interrumpir
- ☐ Otras: ______________________________________

4. Meta personal

Mi meta de comunicación para los próximos 30 días es:

Seguimiento (a completar en un mes)

- ¿Logré avanzar hacia mi meta? ¿Qué noté en mí?

Ejercicio práctico de reflexión y desarrollo personal.

Este ejercicio ayudará a alinear tus valores, tus acciones presentes y tus metas como futuro abogado, basado en la idea de que "se nos juzga por lo que hacemos".

¿Soy coherente con el abogado que quiero ser?

1. Visualización del futuro profesional

Imagina que han pasado 5 años desde tu graduación. Eres un abogado reconocido por tu ética, compromiso y profesionalismo. Describe brevemente cómo eres, qué haces y cómo te perciben tus clientes y colegas.

2. Identifica 5 acciones clave de ese "yo del futuro"

Escribe cinco cosas que haces en tu día a día como abogado exitoso y ético (acciones, no cualidades abstractas):

1.-	
2.-	
3.-	
4.-	
5.-	

3. Diagnóstico actual: ¿Cómo actúo hoy?

Piensa en tus hábitos actuales como estudiante y responde con sinceridad:

Pregunta	Sí / No (Comentario breve)
¿Soy puntual en mis compromisos académicos o personales?	
¿Cumplo con lo que prometo o con lo que me comprometo?	
¿Me esfuerzo por comunicarme de forma clara y respetuosa?	
¿Actúo con honestidad incluso cuando nadie me observa?	
¿Tomo iniciativa o espero que otros resuelvan lo que me corresponde?	

4. Brecha de coherencia

¿Qué diferencias encuentras entre el abogado que quieres ser y el estudiante que eres hoy?

5. Plan de acciones concretas

Escribe tres acciones específicas que comenzarás a realizar desde hoy para acercarte a tu futuro profesional ideal:

Frase guía para el compromiso:

> **“Hoy empiezo a actuar como el abogado que quiero ser mañana.”**

Firma de compromiso personal: ______________________________

Ejercicio de autoevaluación:
Completa las siguientes frases con total sinceridad:

- Lo que más me apasiona del Derecho es:
  ____
- Cuando algo no me sale bien en clase, yo:
  ____
- Mi actitud frente al trabajo en equipo es:
  ____
- Creo que los demás me ven como una persona:
  ____
- Una actitud que necesito mejorar es:
  ____

Ficha de Autorreflexión: Tu Actitud Hoy, Tu Profesión Mañana
1. Diagnóstico personal
1.1. ¿Cómo describirías tu actitud general frente a la carrera de Derecho?
□Positiva y motivada
□Variable, dependiendo de las materias
□Apática o desmotivada
□Otra:
____

1.2. ¿Cómo reaccionas cuando enfrentas dificultades académicas o personales?
□Busco soluciones y sigo adelante
□Me frustro pero me esfuerzo por mejorar
□Suelo evitar los problemas o postergarlos
□Otra:
____

2. Autoevaluación en afirmaciones (marca lo que aplique)
Marca con ✔ las afirmaciones que consideres verdaderas para ti:
□ Me esfuerzo por entender más allá del contenido obligatorio.
□ Escucho con atención a mis docentes y compañeros.
□ Me interesa colaborar y generar buenas relaciones en el ambiente académico.
□ Sé aceptar correcciones sin tomarlo como algo personal.
□ Me gusta ayudar a otros cuando puedo.
□ Tengo metas claras y sé por qué estoy estudiando Derecho.
□ Sé pedir ayuda cuando no entiendo algo.
□ Siento orgullo por mi vocación jurídica.
□ Tengo disposición a aprender de la experiencia de otros.
□ Me esfuerzo por mejorar mi actitud todos los días.

3. Reflexión guiada

3.1. ¿Qué actitud o comportamiento personal te gustaría cambiar o mejorar y por qué?

3.2. Menciona una situación reciente en la que tu actitud marcó una diferencia (positiva o negativa):

3.3. ¿Qué personas te inspiran por su actitud profesional y por qué?

4. Compromiso personal

Mi compromiso de actitud para las próximas semanas es:

____

____

Firma: ______________________________

Pregunta	Respuesta personal	Relación con áreas del Derecho
¿Qué materias disfrutas más en la universidad?	Ej. Derecho Penal, Derecho Constitucional…	Penal, Constitucional, Administrativo…
¿Qué tipo de personas te gustaría ayudar con tu trabajo?	Ej. Familias, emprendedores, trabajadores, víctimas…	Familiar, Civil, Laboral, Mercantil, Penal…
¿Qué tipo de problemas sociales te interesan resolver?	Ej. Violencia familiar, injusticias laborales, corrupción…	Penal, Laboral, Derechos Humanos, Administrativo…
¿Qué temas investigas por gusto propio fuera de clases?	Ej. Impuestos, propiedad intelectual, divorcios…	Fiscal, Civil, Mercantil, Familiar…
¿Con qué estilo de trabajo te identificas más?	( ) Litigio ( ) Negociación y conciliación ( ) Análisis y redacción ( ) Enseñanza o investigación	Litigio → Penal, Civil, Familiar Negociación → Laboral, Mercantil, Mediación Redacción/Análisis → Administrativo, Fiscal, Constitucional
¿Cómo prefieres trabajar?	( ) Bajo presión y en tribunales ( ) De forma metódica y con calma ( ) En equipo con otras profesiones ( ) En labores preventivas	Litigio → Penal, Civil Metódico → Fiscal, Administrativo Multidisciplinario → Ambiental, Derechos Humanos Preventivo → Corporativo, Notarial, Contractual
¿Qué experiencia práctica ya has tenido (aunque sea mínima)?	Ej. Ayudé en un divorcio, hice un trámite en PROFECO, participé en un amparo…	Familiar, Administrativo, Amparo, etc.
¿Dónde te ves en 5 años?	Ej. Dirigiendo mi propio despacho familiar, siendo asesor fiscal…	Visión alineada a la especialidad futura

Instrucciones:

1. Responde cada pregunta de forma sincera y concreta.
2. Revisa en la tercera columna qué ramas del Derecho podrían conectar con tus respuestas.
3. Identifica patrones repetidos que señalen una o dos áreas que se ajustan más a tu perfil.
4. Reflexiona si estas áreas coinciden con tu propósito, motivación y estilo de vida deseado.

Consejo: No se trata de elegir una especialidad para toda la vida, sino de comenzar a caminar en una dirección concreta. Si más adelante decides cambiar de rumbo, lo harás con experiencia previa, no desde cero.

Ejercicio de reflexión: Entendiendo el fracaso como parte del éxito

Objetivo del ejercicio:

Identificar pensamientos limitantes, reconocer experiencias valiosas (aun si no tuvieron éxito), y fomentar una mentalidad activa frente al aprendizaje jurídico y el crecimiento profesional.

1. ¿Qué me detiene?

Escribe tres razones por las cuales aún no has tomado acción sobre algo que te gustaría iniciar profesionalmente (ej. comenzar con asesorías, ofrecer un trámite, abrir un canal de contenido legal, etc.)

1.-	
2.-	
3.-	

2. Mi primer intento

Piensa en una ocasión en la que intentaste algo en el ámbito jurídico (una práctica, una asesoría, hablar con un cliente, escribir algo legal) y no obtuviste el resultado esperado. Describe qué hiciste y qué aprendiste:

Lo que intenté:

Qué salió mal o no como esperaba:

Qué aprendí de esa experiencia:

3. Lo que haré diferente

A partir de esa experiencia o de un temor que identifiques, plantea una acción concreta que puedas intentar esta semana para avanzar profesionalmente (aunque sea pequeña):

____

____

4. Recordatorio personal

Escribe una frase que te sirva como guía para recordar que la inacción no es opción. Puede ser algo que te motive o una verdad personal.

Mi frase motivacional:

" "

Recomendación práctica:

Pega esta hoja en un lugar visible de tu espacio de estudio o trabajo. Revísala al menos una vez por semana. Cada que te sientas paralizado o dudando, recuérdate: *"No avanzar por miedo es el verdadero fracaso."*

____

____

Ejercicio de reflexión: El miedo a fallar vs. la decisión de actuar

Objetivo: Identificar creencias limitantes sobre el fracaso y transformar la perspectiva hacia una acción constructiva y profesional desde la etapa estudiantil.

Parte 1: Explorando tu relación con el fracaso

1. ¿Qué significa para ti "fracasar" como estudiante de Derecho?

(Describe con sinceridad qué piensas o sientes cuando escuchas esa palabra en el contexto de tu formación profesional)

2. Escribe una situación en la que hayas sentido que fracasaste, pero que al tiempo te dejó una lección valiosa.

3. ¿Cuál ha sido tu mayor miedo profesional hasta ahora?

Parte 2: Diseñando una mentalidad de acción

4. ¿Qué acción concreta has postergado por miedo a no estar listo o a equivocarte?

5. ¿Qué necesitas aprender, practicar o reforzar para atreverte a dar ese paso?

6. Escribe un pequeño plan con tres pasos simples para comenzar a actuar desde hoy, aunque sea en algo mínimo.

- Paso 1: ___________________________
- Paso 2: ___________________________
- Paso 3: ___________________________

Parte 3: Declaración personal

- Redacta tu compromiso en una sola frase, que refleje tu decisión de actuar a pesar del miedo.

Ejemplo: *"Acepto equivocarme si eso significa avanzar. Prefiero aprender en el intento que quedarme esperando."*

Tu frase:

"
"

Reflexión práctica: rompiendo el ciclo de la comparación

Objetivo:

Reconocer tus propios avances, identificar las áreas en las que has crecido y dejar de medir tu proceso con la regla de alguien más.

Instrucciones:

Responde de manera honesta y personal. Este ejercicio es para ti.

1. ¿Qué logros personales has tenido en los últimos 6 meses como estudiante de Derecho?

No tienen que ser grandes premios ni reconocimientos. Pueden ser cosas como entender mejor un tema, ayudar a alguien con una asesoría, hablar con seguridad en clase, presentar un documento jurídico correctamente, etc.

📌 Ejemplo: "Pude redactar mi primer escrito de demanda sin copiar uno anterior".

Respuesta:

2. ¿Qué obstáculos has superado que antes te daban miedo o inseguridad?

Piensa en exposiciones, trámites legales, entrevistas, prácticas profesionales, hablar en público, etc.

Respuesta:

3. ¿En qué te has comparado con otros recientemente y cómo te hizo sentir?
Respuesta:

4. ¿Qué estás haciendo hoy que antes no sabías hacer?
Reconoce que estás aprendiendo todo el tiempo. Todo suma.
Respuesta:

5. ¿Cuál es un paso pequeño pero firme que puedes dar esta semana para acercarte a tu propia meta?
Ejemplo: redactar una asesoría por cuenta propia, revisar la legislación sobre un tema que te interese, hablar con un docente sobre prácticas, publicar una reflexión legal, etc.
Respuesta:

Conclusión personal:
Escribe una frase que te recuerde que estás en tu propio proceso y que no necesitas compararte con nadie para avanzar.
Mi frase:

“ ”

5. Propuestas prácticas

Ejercicio 1: Rediseña tu semana

Elabora una nueva agenda semanal con al menos:

- 2 bloques de estudio profundo
- 1 bloque de desarrollo profesional (marca, contenido, networking)
- 1 bloque de lectura y práctica jurídica

Ejercicio 2: Reto 5 días sin dispersión

Elige un horario diario (2 a 3 horas) en las que trabajarás sin redes ni distracciones. Usa cronómetro. Lleva un registro de lo logrado.

Ejercicio 3: Simula tu propia bitácora de despacho

Durante una semana, actúa como si ya tuvieras tu propio despacho. Lleva registro de tus "casos", plazos, clientes (aunque sean ficticios), honorarios simulados y tiempos reales dedicados.

Estimado lector:

Llegaste hasta aquí no solo como lector, sino como protagonista de tu propia historia. Has recorrido páginas que no hablan únicamente de leyes, sino de actitud, carácter, ética y acción. Porque en el fondo, este libro no trata de acumular teoría, sino de ayudarte a convertirte en un profesional que actúa, que se adapta y que asume su papel en la sociedad con valentía.

Si algo quiero que te lleves de estas páginas es la certeza de que tu futuro no se construye el día de tu titulación, sino en cada elección que haces desde ahora: cuando decides actuar en lugar de justificarte, cuando eliges formarte en lugar de esperar a "estar listo", cuando asumes que tu carácter y tu reputación se forjan en lo cotidiano.

La universidad te dará conocimientos. La vida y la práctica te darán experiencia. Pero solo tu voluntad de aprender, de mantenerte íntegro y de moverte hacia adelante te darán verdadero éxito.

Hoy estás en un punto de partida que pocos valoran: tienes tiempo para equivocarte, para aprender, para probar caminos y, sobre todo, para desarrollar una mentalidad profesional que te distinga.

Así que no esperes la oportunidad perfecta. Crea tus propias oportunidades. No te compares con quienes parecen ir más rápido; enfócate en avanzar, aunque sea un paso al día. Recuerda que el Derecho no es solo un conjunto de normas, sino una herramienta para servir, para transformar y para dejar huella.

El carácter del abogado se construye, y el tuyo empieza a moldearse hoy.

Que cada decisión, cada palabra y cada acción tuya digan quién eres, incluso cuando nadie esté mirando.

Este libro termina aquí, pero tu historia apenas comienza.

Y la pregunta que te dejo es simple, pero decisiva:

¿Estás dispuesto a actuar como el abogado que quieres ser desde este momento?

Lo que callamos los estudiantes de Derecho es un libro que nace de las observaciones y experiencias que su autor ha vivido durante varios años, desde el inicio de su carrera profesional hasta la actualidad. Hechos, acontecimientos, reflexiones y vivencias que retratan la vida que enfrenta cualquier estudiante de Derecho: su paso por la universidad y sus primeros pasos en el campo laboral.

Sin embargo, esta obra trasciende las fronteras del Derecho. Aborda desafíos universales que todo estudiante universitario enfrenta: la búsqueda de identidad profesional, el miedo al fracaso y la necesidad de conectar la teoría con la práctica.

Aunque está dirigido principalmente a estudiantes de Derecho, sus reflexiones, metáforas y estrategias son aplicables a cualquier carrera. Cualquier universitario puede usarlo como guía para fortalecer su mentalidad, superar la ansiedad académica y transformar sus conocimientos en resultados concretos.

El enfoque emocional y motivacional del libro lo convierte en una brújula para quienes desean avanzar con determinación en su formación. No es solo un texto jurídico: es una herramienta de crecimiento personal y profesional.

Sobre el autor

J. Néstor Cruz González es Licenciado en Derecho por la Universidad De La Salle Bajío, generación 2001–2006. Con 19 años de experiencia como titular de despacho, ha destacado como director del Centro de Práctica en Litigio y Dirección Asertiva Laboral S.A. de C.V.

Su trayectoria lo ha llevado a ocupar cargos públicos en los tres niveles de gobierno: municipal, estatal y federal. Investigador apasionado de la Programación Neurolingüística (PNL) y el desarrollo personal, hoy se proyecta como conferencista en crecimiento, comprometido a inspirar y guiar a los universitarios para que enfrenten los retos que definirán su futuro profesional.

Este libro no solo es una obra para estudiantes de Derecho: es una invitación valiente a descubrirse, cuestionarse y dar el salto hacia una formación con propósito. Una lectura que transforma el estudio en identidad.

www.ingramcontent.com/pod-product-compliance
Lightning Source LLC
LaVergne TN
LVHW010929051026
849532LV00003B/913
9798233152207